图解带团队一定要会玩游戏

如何用游戏化思维管好新生代员工

张静静◎著

人 民 邮 电 出 版 社

北 京

图书在版编目（CIP）数据

带团队一定要会玩游戏 ：如何用游戏化思维管好新生代员工 / 张静静著. -- 北京 ：人民邮电出版社，2019.1（2024.5重印）
（万章智库）
ISBN 978-7-115-49819-9

Ⅰ. ①带… Ⅱ. ①张… Ⅲ. ①企业管理—组织管理学 Ⅳ. ①F272.9

中国版本图书馆CIP数据核字(2018)第256539号

内 容 提 要

随着 90 后、95 后新生代员工成为职场主力军，传统的团队管理模式已经不再适用。本书首先分析了新生代员工爱玩游戏的天性，进而提出以游戏化思维为核心的游戏化管理模式，并深入解读游戏化管理模式的本质；接着，从招聘、绩效、培训、文化 4 个方面对团队采取游戏化管理模式进行了指导；最后，本书对中国本土的几大游戏化管理试水企业进行了解读，总结经验教训，供读者参考。本书适合团队领导者、企业管理者阅读。

◆ 著　　　　张静静
　责任编辑　单元花
　责任印制　彭志环

◆ 人民邮电出版社出版发行　　北京市丰台区成寿寺路 11 号
　邮编　100164　　电子邮件　315@ptpress.com.cn
　网址　http://www.ptpress.com.cn
　北京天宇星印刷厂印刷

◆ 开本：880×1230　1/32
　印张：7.25　　　　2019 年 1 月第 1 版
　字数：174 千字　　2024 年 5 月北京第 19 次印刷

定价：49.80 元

读者服务热线：(010)53913866　印装质量热线：(010)81055316
反盗版热线：(010)81055315
广告经营许可证：京东市监广登字 20170147 号

如何使用本书

本书的创作旨在为读者解决新生代员工的管理问题。为了提高阅读效率，我们建议您重点关注以下阅读工具。

1. 思维导图

我们准备了多张思维导图，作为辅助阅读的工具，可以帮助您系统、深入、快速地了解以下内容：

新生代员工的特点和需求；

传统管理模式的问题；

传统管理模式和新生代员工之间的矛盾点；

新生代团队管理模式的变革和趋势。

2. 问题导入

书中每节都以一个故事情境导入关键问题，可以快速帮您锁定本节要解决的问题。建议您在阅读的同时，反思自身管理中的问题和困难，有针对性地寻找解决办法。

3. 举一反三

书中提供的团队管理技巧仅是抛砖引玉，如果恰好可以直接解决您的实际问题，我们不胜惊喜。同时，我们深知一万个团队有一万种现实问题，但能够真正有效解决自己的团队问题的办法只有一个：举一反三。如果您深入领悟书中提供的技巧、方法，根据自己的团队的实际情况进行演绎、践行，必有收获。

思维导图

新生代员工的特点和需求

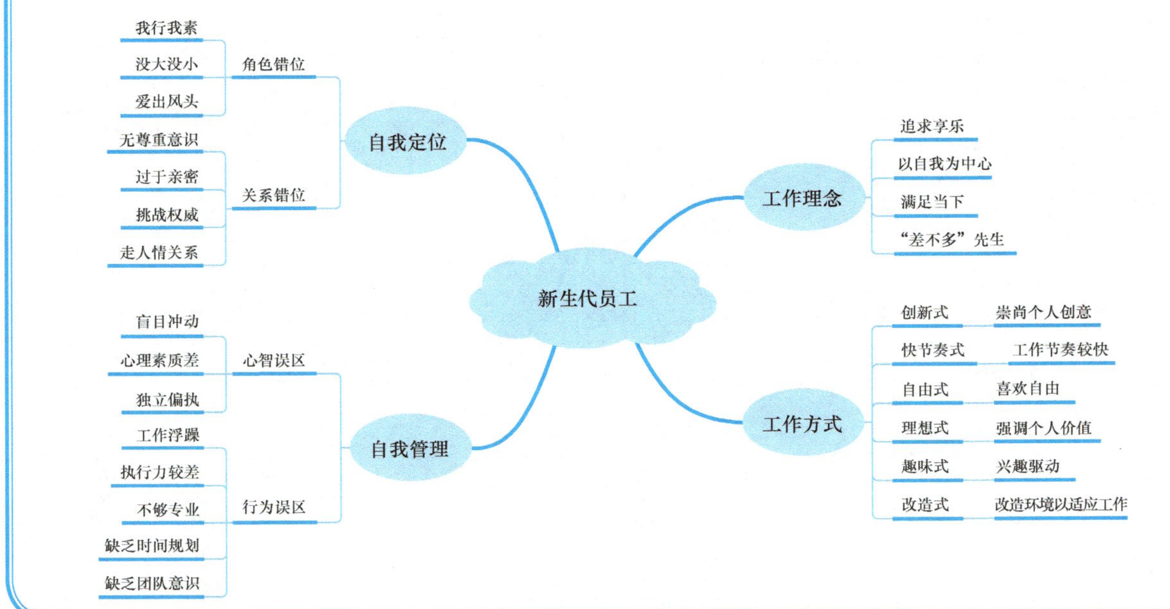

传统管理模式的问题

- 管理者
  - 自我定位
    - 角色错位
      - 亲力亲为
      - 颐指气使
      - 争功邀赏
      - 推卸责任
    - 关系错位
      - 无领导形象
      - 过分亲密
      - 公私不分
      - 过于严苛
  - 自我管理
    - 心智误区
      - 遇事情绪化
      - 盲目效仿学习
      - 胸怀格局较小
    - 行为误区
      - 任务分配不合理
      - 执行力较低
      - 沟通反馈不足
      - 模式化流程
      - 拍脑袋决策
  - 管理理念
    - 照搬照抄
    - 缺乏实践
    - 忽视人，重视事
  - 管理方式
    - 口号式：缺少实际行动
    - 分割式：各干各的
    - 宽松式：放宽工作尺度
    - 经验式：依赖经验
    - 人情式：人情过度
    - 制度式：只为执行制度
    - 目标式：忽视过程管理

传统管理模式和新生代员工之间的矛盾点

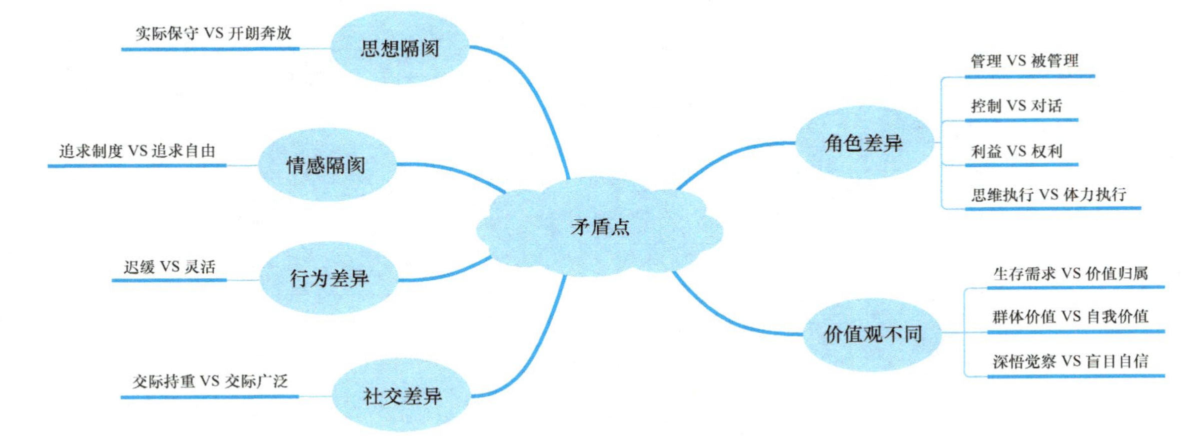

新生代团队管理模式的变革和趋势

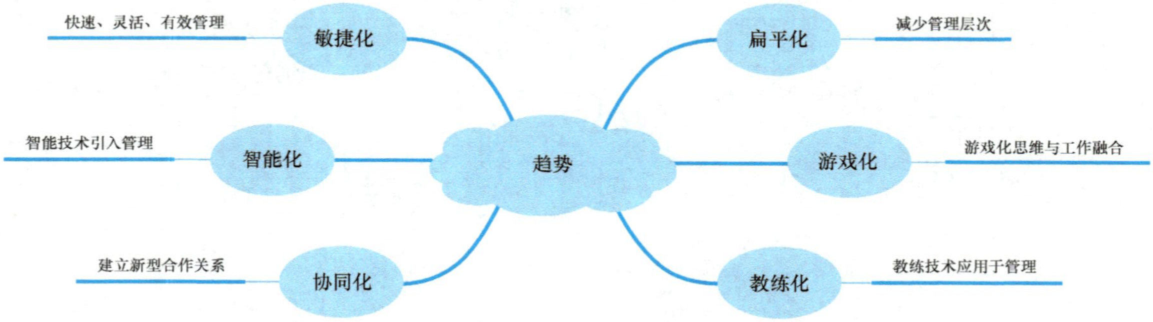

趋势

- 敏捷化：快速、灵活、有效管理
- 智能化：智能技术引入管理
- 协同化：建立新型合作关系
- 扁平化：减少管理层次
- 游戏化：游戏化思维与工作融合
- 教练化：教练技术应用于管理

人物介绍

章小万

女，1991年出生，一路从“销售菜鸟”成长为“销售教练”

性格活泼开朗，善于处理人际关系。在工作中，她的适应能力极强，做事积极主动，善于规划，有很强的事业心和进取精神。

申总

男，70后，销售副总

性格随和，与下属的关系很好，精明能干，具有很强的创造力，善于授权，能够给予员工充分的支持和帮助。

周总

男，80后，销售经理

性格稳重，为人有点固执，对自己和下属的要求都比较严格，做事严谨、雷厉风行，是个工作狂。

小鑫

男，1993年出生，章小万的同事

小维

女，1992年出生，章小万的同事

小旭

男，1996年出生，章小万的下属

小睿

女，1997年出生，章小万的下属

CONTENTS 目录

第3章 招聘设计：让人才主动参与竞争 75

第4章 绩效设计：让员工全力以赴地投入 103

第 1 章

游戏化管理：让你的团队“嗨”起来

管理新生代员工的核心在于了解他们的心理特点，抓住他们的个性需求，让工作变得有趣。

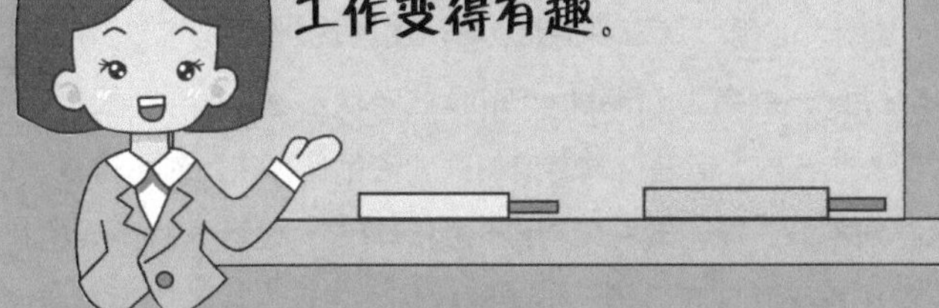

01 玩游戏是人类的天性

周五下午，所有人都在无精打采地工作。申总走过来说：“看大家工作都累了，我们放松一下，来玩个游戏。”没想到大家立刻就来了精神，兴致勃勃地讨论玩什么游戏。面对此情此景，申总不禁疑惑：游戏真的有这么大的魔力吗？

人生来就喜欢玩游戏，无论是小时候的捉迷藏、走兽棋、红白机，还是现在流行的《植物大战僵尸》《王者荣耀》等网络游戏，人们都容易沉浸其中。

2014 年 2 月，一款名为《Flappy Bird》的游戏迅速蹿红。一般情况下，游戏开发者会为此狂欢，但是这款游戏的开发者都选择在此时将游戏下架。很多人对此感到不解，而游戏开发者给出的解释是：设计这款游戏的初衷是希望人们能在放松时玩几分钟，但遗憾的是，它现在成了让人上瘾的一款产品。他认为这是一个问题，所以将游戏下架。

其实，让人茶饭不思、沉浸其中的游戏并不只有《Flappy Bird》。有人在公交车上玩《贪吃蛇》坐过站，也有人做饭时玩《王者荣耀》将菜烧煳……从这些现象中我们不难看出，游戏对人们来说具有很强的吸引力，而且这种

来玩个游戏。

游戏的魅力超乎想象

力量远远超过了我们的想象。

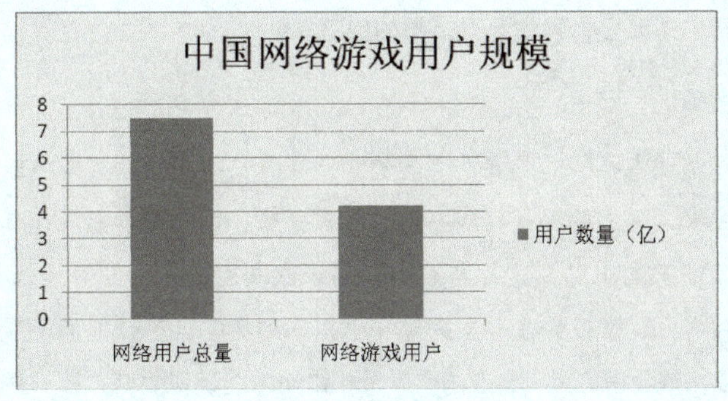

游戏对人们来说具有很强的吸引力，而且这种力量远远超过了我们的想象。

中国互联网络中心（CNNIC）发布的 2017 年度《中国互联网络发展状况统计报告》显示，截至 2017 年 6 月，中国网民规模达到 7.51 亿人，其中网络游戏用户 4.22 亿人，占比达到 56%。此外，世界领先的游戏市场情报研究机构 Newzoo 的数据显示，中国移动游戏在 2017 年实现了 180 亿美元的营收，位居世界手游市场的第一位。Newzoo 还指出，在游戏花费上，中国玩家每月的花费是 26.5 美元，比美国玩家的游戏花费高出 9%。

这些惊人的数据背后是人们对游戏的痴迷。游戏之所以有如此强大的吸引力，主要是因为它有以下特点。

唤起人们的积极情感。玩游戏充分激活了人们与快乐相关的所有神经系统，人们主动把思维和身体都调整到更加快乐、积极的状态。

充分集中人们的注意力。许多玩家在玩游戏时，眼睛一直盯着屏幕，手指按个不停，陷入了一种忘我的状态。这是因为游戏本身的设计能够充分集中人们的注意力。

帮助人们获得成就感。游戏就像一份充满挑战的工作，一旦人们成功地战胜它、完成它，就会获得强烈的成就感。

好奇心

面对游戏中不同的画面、不同的游戏场景、不同的任务角色以及不时出现的关卡，人们始终保持着好奇心和探索欲，因此很容易沉迷其中。例如：在《愤怒的小鸟》这款游戏中，当玩家向后拉弹弓的时候，在这 15 秒的时间内，玩家就会在心里构建一个基本的模型，这样他们下次在玩游戏的时候，就会很好奇，会在内心思考：如何才能玩得更好？下一局会出现

人的游戏天性表现是什么？

什么样的情况？这些问题又吸引着他们不断玩下去。

占有欲

人作为游戏的主导者，可以操纵、把控整个游戏，这极大地满足了人们的占有欲。例如：一款名为《部落冲突》的游戏以策略战争为主题，玩家通过经营自己的村庄、建立炮塔、收集资源、训练新兵来增强自己的抵御能力和战斗力，进而与成千上万名玩家战斗。在整个游戏中，何时出兵，何时训练新兵，训练多少新兵，是否与其他玩家结成部落，如何制定游戏策略战胜对方……这些都是玩家说了算，全部在玩家一个人的掌控中。

保护欲

游戏中的某些角色是为了保护某个核心人物而存在的，能有效激发人们的保护欲。例如：《保卫萝卜》中，玩家需要在空闲区域安置防御塔，保护萝卜，

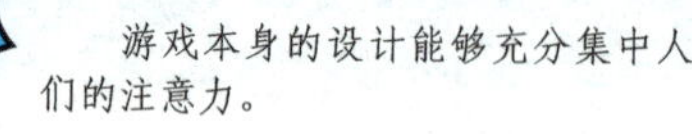

不让萝卜被外星人吃掉。这种拟人化的游戏很容易激发玩家内心的保护欲。

情感需求

很多时候玩家之所以喜欢玩游戏，是因为游戏满足了其某种情感需求。例如：在《旅行青蛙》这款游戏中，青蛙会出门旅行，会看书，还会寄明信片回家。很多玩家甚至因此发朋友圈，表达对青蛙的思念。很多人对此会存在疑问，为什么我们明明清楚这些不真实，还会陷入其中呢？关于这一点，加拿大安大略滑铁卢大学游戏学院的教授凯伦·柯林斯（Karen Collins）说："当一个物品拥有面部，我们就会更加难以放弃它，或摆脱它。"这种拟人化的游戏，很大程度上激发了人们内心更深层次的需求——情感需求，进而通过情感连接将玩家深深吸引。

依赖感

大部分游戏采取团队协作的形式，激发了玩家对团队和队友的依赖心理。例如：《王者荣耀》就是一款典型的需要队友协作的游戏，队友对游戏的成败起着关键作用。

成就感

成就感源于做成了某件困难的事情。现实中的人们要想完成一件困难的事情并不容易，需要很长的时间并付出很大的努力。而游戏给予玩家的成就感要远比现实来得多，来得容易。例如：一款名为《跳一跳》的游戏，刚推出时就火爆朋友圈。其实，当你玩这款游戏的时候，并不觉得很好玩，唯一能让你坚持玩下去的理由是——不断刷高分，超越好友，登上排行榜的高位。

游戏的实质：源自内在动机的热爱

申总把章小万叫到办公室，说：“周总升为副总了，你接替他的位置。我希望你能够以 90 后的状态管好这个全部都是 90 后的年轻团队，让每个人都发自内心地爱上工作。”虽然晋升让章小万感到很开心，但申总提的要求让她陷入了新的困境。

人类做任何事情都有动机。对于单一、无聊的工作来说，管理者想让员工更好地投入其中，更要激发他们对工作的热爱——就像游戏玩家对游戏的热爱那样。玩家之所以能长时间陷入游戏中而不知疲倦，就是因为他们能在游戏中获得极大的满足感和成就感，甚至实现了自我价值。这一切行为的发生都源自内在动机，都是在自愿的、充满愉悦的心境下进行的。

什么是内在动机呢？美国罗彻斯特大学心理学教授爱德华·德西（Edward L.Deci）指出，内在动机是根植于人内心的自然需求，由内心满足、兴趣爱好、求知欲等引起的驱动力，即便没有外在的奖惩，人也会做出行动，是一种受内心驱动想要做某件事情的冲动。它和外在动机的区别就是前者是自愿做的而后者是为了实现某种目的不得不去做的。

例如：一位员工为了获得奖金而做项目（外在动机驱使），另一位员工为了实现自我挑战或出于对该项目有极大的兴趣而做这个项目（内在动机驱使）。外在动机在一定程度上能精准地激励员工为获得一定的物质报酬而努力工作，但对于知识型、有自我价值实现意识的员工来说，外在动机对他们的吸引力远没有内在动机来得强烈。

内在动机的核心要素包括以下 3 种。

自主权：希望行为的发生是出于自己的选择，而非受外界强迫。

胜任感：即自我价值感，对环境有掌控感，胜任工作，发挥能力。

趣味性：事物本身具有趣味性、吸引力强，让人感到愉快。

管理者要想不断激发员工的创造力和挑战意识，让他们在工作中保持长久的热情并获得幸福感，就要激发他们源自内在动机的热爱。

如何激发员工的内在动机？

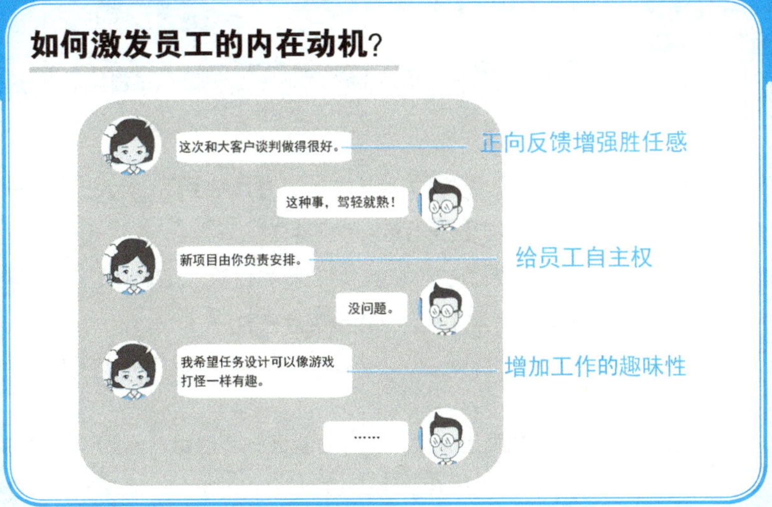

赋予自主权

拥有主动权是员工行为发生改变的动力基础。员工拥有对自身行为的把控权可以进而降低工作压力，并从中获得极大的满足感和成就感。例如：让员工参与团队决策，由被管理者向决策者角色转换；让员工自主安排任务，按照自己办事的行为习惯开展工作；在团队内实行小组制，让老员工带新员工，赋予老员工决策权和自主权，有权分配任务给新员工等。

增强胜任感

内在动机的另一核心要素是胜任感。员工胜任感主要源于以下三个方面。

管理者的正向反馈。例如：管理者积极肯定、认可和赞扬员工的工作行为表现和工作成果以增强员工的胜任感。

对受内在动机驱动的员工来说，
工作本身即一种回报。

做自己擅长的事。管理者要“人尽其才”，抓住或挖掘员工行为出色的一面并进行强化，让员工做自己擅长的事以增强胜任感。

做自己有把握的事。管理者要注意解释目标和规则，只有当员工对目标完全把握之后，才能有序开展工作，从而增强胜任感。

激发工作兴趣

对受内在动机驱动的员工来说，工作本身即一种回报。因此，管理者要精心设计工作程序，丰富工作内容，增加工作的趣味性和吸引力。就像玩家在游戏中通过不断打怪升级达到挑战终极 Boss 的目的而获得终极体验一样，管理者可以将工作设计成攻关挑战，让员工获得源源不断的快感。

新生代员工：我只为“快乐”工作

周一早上，章小万一脸严肃地走进办公室。原本正在聊天的小旭和小睿戛然而止。小睿悄悄地给小旭发微信抱怨道：“领导天天这么严肃，感觉好压抑。”小旭回复道：“是啊！突然就不开心了……”

调查显示，新生代员工不再盲目追求“铁饭碗”而是推崇自由、享受快乐、渴望平等。他们只为快乐工作，甚至“无快乐不工作”。

为了管理好“只为快乐工作”的新生代员工，管理者纷纷开始改变管理方式，但是变来变去还是留不住新生代员工。为此，管理者很苦恼，新生代员工口中的“快乐工作”到底是怎样的呢？要想弄清楚这个问题，管理者首先要弄清楚新生代员工的特征，包括他们普遍的性格特征、思想特点，以及他们的就业观、职业理念等。

喜欢挑战，更偏向选择具有挑战性、自主性以及价值性的工作。

渴望得到认可，倾向正面评价。

渴望自由、平等，不喜欢强势、霸道、权威型的领导。

新生代员工追求快乐工作

喜欢相对灵活的工作制度，不喜欢死板、一成不变的工作环境。

弄清楚这些后，管理者就能根据新生代员工的心理需求与实际工作需求进行合理匹配、对接，做好新生代员工的管理。

满足新生代员工的挑战欲

设计有挑战性的任务。适当地为员工设计一些具有挑战性的任务，让员工感受到挑战的乐趣。

允许挑战权威。管理者要倾听员工的想法和意见，给予员工说话的空间，而非一味地让员工顺从自己。例如："你觉得怎样做更好呢？不妨说说你的建议"。管理者要学会通过自我妥协达到让员工妥协的目的，让员工在快乐中工作。

如何让新生代员工“快乐工作”？

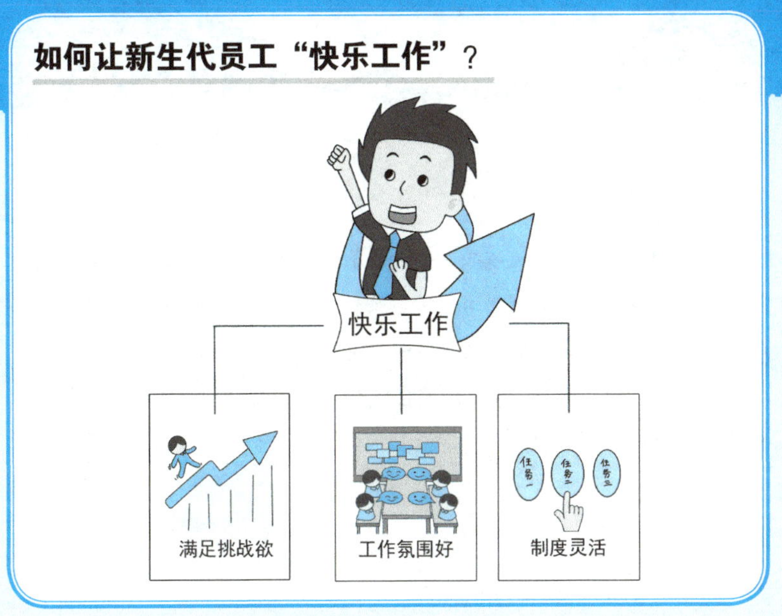

营造平等、亲和的工作氛围

多认可、多赞扬。例如：当员工顺利完成某项任务时，管理者要及时肯定员工的劳动成果；在反馈员工的问题时，要“欲抑先扬”，积极肯定员工在工作中的努力和付出进而提出意见或批评。

少施压。新生代员工对传统家长式管理有一定的逆反心理，即便服从也非心中所愿。尊重员工意见、协商沟通等人性化管理方式更受他们的欢迎。

不摆架子。新生代员工追求平等，渴望无界限的上下级关系，不能完全接受传统的权威型领导。因此，管理者要极具亲和力，以一种平等的姿态和员工相处，而非让员工在一种压抑、严肃的氛围中工作。

游戏给予玩家的成就感要远比现实来得多，来得容易。

让工作制度“活”起来

弹性的工作时间。传统的“朝九晚五”的上下班时间制度对新生代员工来说是一种束缚，管理者可以设置弹性的工作时间，包括在家办公、提前完成任务可以提前下班、允许根据个人情况进行调休等。

自主“领取”任务。采取团队合作的工作方式，让员工自行安排工作。每个人都可以根据自己的目标、能力、资源、状态等“领取”适合自己的工作。

人们工作的终极动力：自我实现

茶水间，小旭和小鑫在聊天。小旭说：“最近总是感觉很累，不想工作。每天都是跑客户，有什么意义呢？”小鑫却觉得：“工作能有什么意义，不就是为了赚钱吗？”

人工作的动力是什么？很多管理者不清楚这个问题，他们觉得员工之所以工作，就是为了赚钱。但对新生代员工来说，赚钱仅仅是其中的一部分。当员工的薪水能够保障基本的生存所需之后，他们会有更高的理想、更多的需求。这个时候，你能“拿出”什么促使员工继续努力工作？

根据马斯洛需求理论，人工作的动力可以分为 3 个阶段以及 5 个层级需求。

初级阶段：生理需求和安全需求，为了解决温饱问题而工作。

中级阶段：社会需求和尊重需求，为了获得和谐的社会关系以及他人对自己的尊重、认可而工作。

终极阶段：为了实现自我价值和梦想而工作。

也就是说，除了基本的生存需求（生理需求和安全需求），人们还存

对新生代员工来说，赚钱仅仅是工作的一部分

在社会需求、尊重需求、自我价值和实现梦想等层面的需求。而赚钱只是人们工作的初级阶段需求，自我价值和实现梦想才是工作的终极动力。所以，管理者要想让员工在工作中充满动力，就一定要了解员工当下的需求处在哪个阶段，进而有针对性地进行管理。

初级阶段的需求管理

处在初级阶段需求的人群主要是刚毕业的大学生以及初入职场的年轻人，因为没有工作经验和物质资源，所以他们选择工作主要是为了解决自己的温饱问题。

生理需求。所谓的生理需求就是人们日常的吃穿住行，这是一个人生存必备的条件。为了满足这些条件、保障自己生存下去，人们会去工作。

如何满足员工不同阶段的需求?

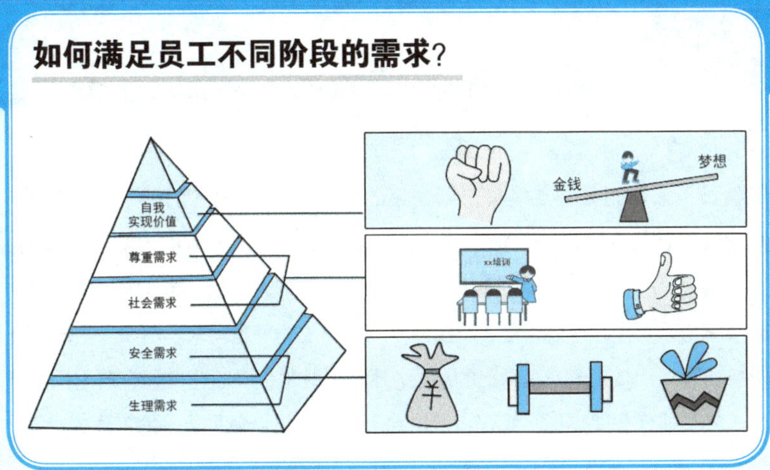

要满足员工的生理需求，公司就要建立一套极具吸引力的薪酬体系，如较高的津贴、奖金等。

安全需求。当一个人的工资薪酬能够保证自己的生存后，他就会开始注重自己的身心健康。要满足员工的安全需求，管理者就要多关注工作之外的事情。例如：在办公室多摆放一些绿色植物净化空气、发放健身卡、定期组织郊游、开展团建活动等。

中级阶段的需求管理

处在中级阶段需求的人群主要是进入职场 3 ~ 5 年，拥有一定物质积累和工作经验的人。这个阶段员工的工作动力绝大部分源自社会需求和尊重需求的满足。

社会需求。社会需求包括良好的人际关系、家庭关系等。要满足员工的社会需求，管理者就要多创造一些可以进行人际互动、增强人际关系的活动。例如：定期在公司内部开展互动活动，加强员工之间的情感交流；

当员工的薪水能够保障基本的生存所需之后，他们会有更高的理想、更大的需求。

邀请员工家属到公司参观，得到家属的认同和支持；经常组织员工参加交际活动，包括专家讲座、培训课、商业演出等，拓展员工的人际交往范围。

尊重需求。当员工有了稳定的工作、稳定的收入之后，更加渴望得到他人的尊重与认可，这时候管理者就要注意满足员工的尊重需求。例如：主动与员工打招呼；让员工多表达自己的意见、观点，让他们在工作中拥有自主权；当员工的工作任务完成后，管理者及时给出评价意见，尊重员工的工作成果等。

终极阶段的需求管理

有终极阶段需求的人群范围比较广，包括怀揣实现自我梦想以及有清晰职业规划的年轻人，也包括事业有成的中年人。他们渴望体现自己的价值，希望自己能够影响他人甚至社会。自我实现是他们选择某项工作的核心动力。

价值需求。如果一个人觉得一件事有着特殊的意义和价值，他会充满斗志和热情。即使在执行过程中遇到困难，他也会想尽一切办法克服。所以，管理者要善于赋予工作特殊的意义和价值。例如：编辑工作是为读者贡献“精神食粮”，销售工作就是为客户提供优质的产品与服务，质检工作就是对每位用户负责。

梦想需求。很多人希望通过工作实现自己的人生梦想。因此，管理者在制定工作目标时，可以引导员工将梦想与目标融合在一起。例如：员工制定一年完成 100 万元的业绩目标，目的是拿到 30 万元的奖金，然后购买一辆车。

重新设计：让工作充满乐趣 05

小旭找到章小万，说：“现在的工作太无趣了。我觉得应该重新设计工作。”章小万听后觉得恰好和申总的要求吻合，就问小旭：“你有什么想法？”小旭说：“我们可以把游戏中的一些元素加入工作设计中。”

“乐趣”是吸引新生代员工进入工作状态的一个重要途径。但在实际管理中，很多管理者恰恰忽略了这个“元素”。即使在游戏中，一款游戏的画面、人物设计得再好，玩家在游戏中感受不到乐趣也不会坚持下去。因此，要想提高员工的敬业度和忠诚度，管理者就要重新设计工作，将“乐趣”融入工作。

一般情况下，工作中的乐趣有以下几种。

挑战乐趣。成功应对挑战或解决难题时所体验到的一种乐趣。事实上，克服困难本身就是一种乐趣。

放松乐趣。主要是心灵上和身体层面上能够体验到的一种休闲享受的乐趣。

陪伴乐趣。来自他人的陪伴，共同面对、一起解决问题的独特体验。

以上三种乐趣是新生代员工普遍存在的心理需求。领导者在设计工作中要尽可能激发他们的这些乐趣，促使他们全心、全力地投入工作，并长久地坚持下去。

以游戏的形式设计岗位

以游戏的形式设计岗位，是指将合适的游戏元素应用到和岗位相关的管理工作中，包括岗位说明、岗位考核和晋升等，让员工觉得工作本身就是有趣的。例如：《家务战争》这款游戏的管理系统，把清洁工作这种最普通的事情设计得都能让人体验到自豪感和满足感。管理者可以根据岗位性质和具体工作内容设置“岗位经验值”和“项目经验值”，并将其与绩效奖金挂钩。其中，“岗位经验值”是基于员工的岗位晋升而获得的经验值，不同的职位代表不同的等级，获取的经验值也会有所不同。例如：主管每个月能够获得 100 个固定经验值，职员每个月只有 80 个固定经验值。“项

目经验值”则像游戏中做任务所获得的经验值那样，是由员工的业绩决定的。例如：销售部人员每签下一个1万元以内的订单，就可以获得10个经验值；每签下一个5万元以内的订单，就可以获得50个经验值。

以游戏的形式设置工作障碍和关卡

将游戏中障碍、关卡的设置应用到工作设计中，通过增加难度激发员工内心的征服欲。例如：在工作中将任务按照难易程度分成不同的分值。达到一定分值的人，才能挑战更高难度的工作，获得升级的机会。达到一定等级后，可以提交更高职位的晋升申请。

“乐趣”是吸引新生代员工进入工作状态的一个重要途径。

以游戏的形式实施激励反馈

玩家在游戏过程中打怪升级会获得装备、金币等实时反馈，进而受到激励不断投入游戏中。管理者也可以在管理工作中实行这种激励反馈机制，让员工在工作过程中不断受到激励。例如：当员工完成初级目标后，奖励3000元；完成中级目标，奖励6000元附赠一台电脑；完成高级目标，奖励10000元同时晋升岗位。不同的等级奖励，使员工更加明确自己想要挑战的目标，并有效激发员工赢取更高奖励的挑战欲望。

以游戏化的形式打造工作环境

工作环境分为办公环境和文化环境。在办公环境中，可以在办公室增加一些游戏机、茶吧等娱乐空间，让员工能在紧张的工作之余放松身心，员工还可以通过完成任务获得相应的分值到茶吧兑换饮品或者兑换玩游戏的时间。在文化环境中，新生代员工更喜欢轻松、和谐的文化氛围。例如：以游戏化的方式命名团队，员工之间不再是同事，而是队友或对手的关系。

什么是游戏化管理 06

和小旭商讨并对工作进行简单的游戏化设计之后，章小万开始尝试全面实施游戏化管理。但经过一个多月的研究，仍然没有清晰的思路。她只好再次向申总求助。申总听后，说道：“要做好游戏化管理，首先要清楚什么是游戏化。”

“游戏化”的概念源于 1980 年，由多人在线游戏的先驱理查德·巴特尔（Richard Bartel）提出。其原意是指“把不是游戏的东西变成游戏”，其中就包括将工作变成一种游戏。而这个概念得以明确运用是在 2003 年，英国的游戏开发人员尼克·培林（Nick Pelling）开设了一家顾问公司用来为电子设备设计游戏界面。随后在 2010 年，“游戏化”这个词开始被人们广泛运用。

游戏化是一个复杂的概念，它并不能涵盖和反映所有现象的各个方面。虽然一直以来没有明确的定义，但是根据游戏化的实践，我们可以定义：游戏化是指在非游戏情境中使用游戏元素和游戏设计技术。那么，游戏化管理就是指在工作情境中使用游戏元素和游戏设计技术进行的管理。游戏

传统管理模式VS游戏化管理模式

	传统管理模式	游戏化管理模式
管理者角色	管理者	设计者
员工角色	服从者	参与者
工作认知	为企业、为团队、为领导	为自己
工作方式	按部就班	打怪升级
工作态度	消极被动、外在动机激励	积极主动、内在动机激励
工作考核	打分制	积分制
工作反馈	定期反馈	即时反馈
工作奖赏	金钱、晋升、物质、认可等外在动机	乐趣、成长、成就、社交等内在动机

化管理的核心就是帮助人们从必须做的事情中发现乐趣，通过让流程变得有趣使工作产生吸引力。

某公司采用部落组成的模式打造销售部。一个销售区域就是一个部落，平均每个部落十人以上，包括一个首领和若干长老以及新人。为了确保团队内部的和谐，公司要求每个部落必须拥有固定的办公地点，并配置基本的办公设施，让部落成员在一起办公。

部落首领的选举平均每半年一次，部落内部的成员皆享有投票权，一人一票，得票多者当选。公司直接授权到部落首领，由首领与其他职能部门直接沟通。此外，公司的绩效考核采用积分的形式，每完成一定的业绩，就赠予相应的积分，有效激发了团队内部的互动与竞争。在这种新型的管理模式下，该团队内部成员的凝聚力和战斗力都显著提升，每个月都创下

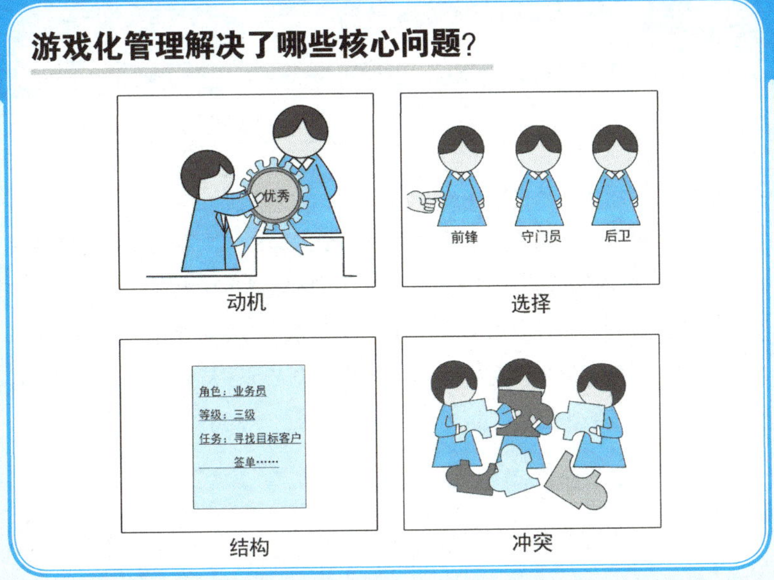

了不菲的业绩。

案例中的团队将游戏元素融入员工等级分配、绩效考核等各个环节，并取得了显著的效果。这种新型的管理模式就是游戏化管理。

动机：让员工发自内心地热爱工作

游戏化的本质就是通过激发他人兴趣而引起某种行为的激励方式。游戏化管理从本质上说，就是利用动机原理提高员工对工作的兴趣。例如：团队内部设计徽章模式，将徽章作为一种能力的象征，持有徽章的人代表具有一定程度的技能与知识。管理者通过徽章认证员工的能力和水平，并为员工亲自颁发徽章。这种融入成就感和价值感的工作激励模式，有效地激发了员工内心的兴趣点，让员工发自内心地觉得自己是在做一件伟大而又有意义的事情。

游戏化管理的核心是帮助人们从必须做的事情中发现乐趣，通过让流程变得有趣使工作产生吸引力。

选择：给员工更多的自由

游戏化管理为员工创造了更多的自主空间，让员工有精力和动力做自己想做的事情，这种轻松、自由的工作方式恰好满足了当今新生代员工的心理需求。例如：管理者在安排工作时，会将任务分配成不同的角色，这样员工就可以从不同的角色中选择自己喜欢的工作，从而愿意主动投入其中，并努力达成最终目标。

结构：建立更加明确的管理机制

游戏化管理改变并重塑了管理结构，让整个管理系统变得更加明确、合理。例如：把传统的岗位说明变成“游戏角色”，针对角色明确其等级、任务、工作类型等。这种岗位说明比传统的岗位说明书中的描述（工作职责：负责人员的招聘、培训、发展和晋升建议）更加明确。

冲突：统一员工和团队的利益

游戏化管理更多体现的是团队协作和集体利益，在游戏中人们会变得更加积极，愿意主动参与其中与其他成员互动和合作，这在一定程度上避免了团队内部的利益冲突。例如：通过设定统一目标，将个人目标和团队目标紧密联系在一起，并在达成目标的过程中，团队成员建立一种相互支持的队友关系。

游戏化管理的最终目标

经过一番梳理，章小万开始尝试开展游戏化管理，在一段时间内的确使员工的工作积极性更高。但几个月过去之后，她发现员工又恢复了之前的消极状态，绩效结果也不理想。

很多管理者在使用游戏化管理的过程中都出现了绩效结果不太理想的状况，甚至在游戏化管理的实施过程中问题频出。究其根源，就在于对游戏化管理的目标不了解。

一般来说，游戏化管理的目标有以下几点。

让员工更满意地工作。游戏会激发人们以更大的热情投入工作，创造更多的生产力。

让员工拥有更大的信心获得成功。无论是关卡设置还是明确的输赢标准，都让人们对成功更有信心。游戏不仅能够有效消除人们对失败的恐惧，还能够有效增加人们成功的机会。

让员工建立更强的社交联系。游戏为人们创造了更加活跃的社交氛围，

缺少明确目标的游戏化管理问题频出

为人们搭建了更加坚韧的社交纽带，使人与人之间产生一种社交互动，从而满足人们的情感需求。

让员工感受到更宏大的人生意义。游戏能够赋予工作更多的意义与价值，让人们愿意投身到这样宏伟的事业中去。

综合以上 4 种目标我们可以得出，游戏化的最终目标，是提升人们的幸福感，帮助人们在工作中获取快乐、价值并建立外界联系，不断满足人们的心理需求，提升人们的幸福感。

建立更有趣的工作模式

把工作放到游戏场景中完成。例如：管理者将市场营销部门的工作任务模拟成电子竞技游戏，销售人员每完成一单，就会获得相应的经验值或积分。这些积分将是销售人员晋升的参考指标。

工作制度数据化。利用数据建立一套完整的工作分配、跟踪与反馈系统。在这种工作机制中，员工可以随时根据数据变化了解自己的工作进度，

快速调整工作状态。管理者也不需要每天紧盯着员工，只需要通过数据变化了解员工的工作动态，必要时进行反馈和指导。

鼓励员工积极创造成功的机会

给员工创造成功的机会。例如：根据员工的特性和潜能分配任务，增加员工成功的概率，帮助员工建立自信、增强成就感。

减少员工对失败的恐惧。例如：在任务的完成结果上，不设定失败，而是将“失败”变成“难以攻克障碍”“Game Over(游戏结束)”等说法，甚至可以在工作中模仿游戏“重新开始”“重新挑战”等模式，给员工重新挑战的机会。

游戏化的最终目标就是：提升人们的幸福感。

引导员工建立社交联系

分组合作。经常采取部门合作、小组与小组合作的形式，增强团队的互动性，让每个人都能在工作中找到自己的搭档。

增强团队内部的互动氛围。在工作之余，为员工创造更多沟通和互动的空间，包括交流会、咖啡区等，在员工之间建立情感联系，使之成为更好的工作伙伴。

赋予工作宏伟的意义与价值

鼓励员工确立宏伟的职业目标。例如：未来想成为什么样的人，在事业中处于什么位置，能够为社会创造哪些价值等。这些宏伟的职业目标能够帮助员工规划人生、找好方向，进而朝着这个方向努力。

打造激励人心的工作环境。世界上有很多雄伟的景观，如喜马拉雅山、珠穆朗玛峰、长城、维多利亚瀑布等。人们身处这些雄伟景观中，心情会变得豁然开朗，眼界也会变得开阔。在管理中，领导者也可以打造激励人心的工作环境，让员工感受到工作的意义。例如：智能产品研发公司在办公室中挂上乔布斯的照片并配文，“活着就是为了改变世界”；甚至可以为每个员工准备一份有关偶像的礼物，让员工能够在榜样的激励下获得更多努力工作的力量。

第 2 章

游戏化的本质：让团队管理变得更有趣

游戏化是一种新的思维方式。游戏化管理的根本目的，就是运用这种新的思维方式，让团队管理变得更有趣。

01 游戏化不等于游戏

章小万规定每天下午 4:00 ~ 5:00 是团队游戏时间，员工可以根据自己的喜好选择游戏，以此提高员工的工作兴趣和积极性。结果他听到小鑫的抱怨：“白天玩游戏，晚上熬夜加班，真不知道领导怎么想的！”章小万甚是不解，为什么游戏化管理模式会起到反作用呢？

很多团队管理者只是想当然地把游戏当成排遣员工倦怠情绪的解药，却并不知道如何真正做到游戏化。就如章小万想通过设置“游戏时间”让员工带着愉悦的心情工作，结果却适得其反——下属为之疲累不说还心生怨念。由此可见，仅从表面上实行游戏化管理很容易让管理陷入误区。

游戏化管理是指将游戏元素、激励机制、规则系统、反馈体系等融入管理情景中，以此吸引、激励员工以最佳状态投入工作的一种管理模式。其本质不是娱乐，而是一种思维方式。如果管理者单纯地停留在游戏的概念上而没有真正理解游戏化管理的理念，必然达不到想要的效果。

明确管理目标

列一份清单，写下所有的潜在目标并尽可能地明确每个目标。然后按照目标的重要性进行排序，删除一些在此次游戏化管理中目的不明确或目的性不强的目标，最终明确此次实施游戏化管理的核心目标。具体的步骤：列出目标→排序目标→删除目标→明确目标。

衡量员工行为

在明确游戏化管理目标之后，就要关注你所希望的员工行为并加以衡量。

将员工行为量化。玩家在游戏中获得勋章或解锁下一个环节都有量化的数据要求。管理者也可以借鉴游戏设计中的点数、勋章、排行榜等能衡量玩家行为的工具对员工行为进行衡量。例如：将点数与员工的行为呈正向挂钩，员工每完成一项目标任务将获得相应点数。

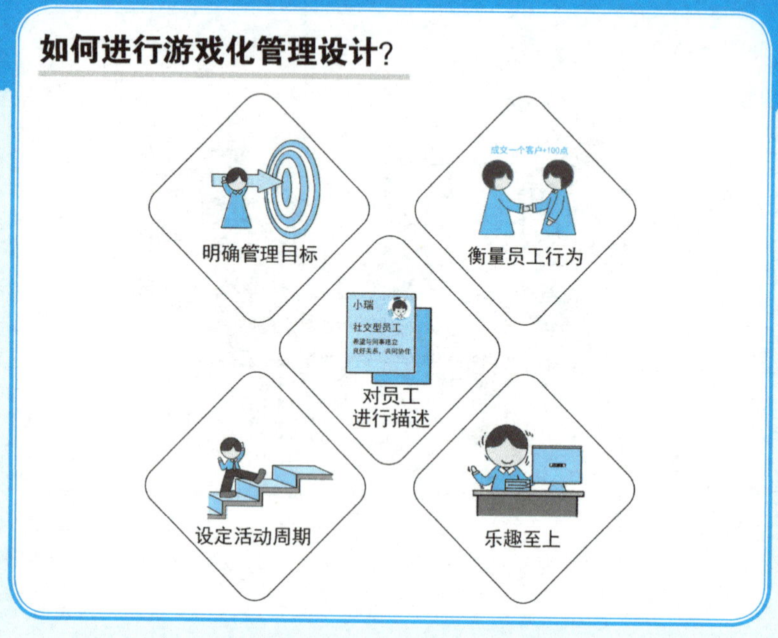

调整目标行为。员工行为是一个持续发生变化的过程，很可能管理者最初设计的点数、勋章等与员工当前的行为价值不相等。这时候就需要管理者对目标行为进行调整，以达到最佳状态。

衡量成功指标。玩家在游戏中有急切的求胜心理，但游戏化不等于游戏。团队管理者要意识到，短暂的胜利并不是衡量成功的真正指标。在游戏化管理设计中，成功指标的设定是由团队想要达成一个什么样的目标决定的。例如：管理者想让员工实现自主提升，那么衡量成功的指标就是以有多少名员工实现晋升、有多少名员工实现创造性发展为准。

对员工进行描述

你的游戏化管理对象是谁？他们具有哪些特征？他们和你的关系是怎

仅从表面上实行游戏化管理很容易让管理陷入误区。

样的？什么可能激励他们？你可以借助以下几个方法找到答案。

角色反问。游戏化管理的对象是员工，因此要想达到预期效果，就需要管理者站在员工的角度思考这些问题：我的员工都有什么特征？我如何利用这些特征进行游戏化设计？如何让我的员工参与到我设计的“游戏”中并获得激励？

角色细分。不是所有的员工都是一样的，这就需要将员工进行细分。大体有以下 4 种类型的员工。

成就型员工：希望在工作中不断获得成功。

探险型员工：乐于探索新的知识内容。

社交型员工：希望与同事建立良好的关系，共同协作。

压迫型员工：力求突破自己甚至将思想强加给别人。

管理者最好能为不同类型的员工提供相应的角色。

设定活动周期

在游戏化管理系统中，设定活动周期可以有效地将你所期望的员工行为模式化。管理者可以借鉴两种游戏发展周期：一种是参与回路，另一种是进阶。

参与回路：参与回路设计的关键因素是反馈。通过对员工行为进行即时可见的反馈，如增加或减少点数，刺激员工采取进一步的行为。也就是说，参与回路设计是通过反馈激发员工下一步行为的动机，让员工继续参与游戏，并由此形成回路。所以，参与回路仅对员工当下的行为产生影响，对员工成长轨迹的变化无法捕捉。

游戏化的本质不是娱乐，而是一种思维方式。

进阶：进阶是指进展阶梯。它反映了一个事实——员工对工作的体验是不断变化的，员工一旦入手某项工作，其兴趣点就会发生变化。团队管理者可以按照“兴趣曲线”的原理增加工作难度，使员工不断产生挑战工作的热情，激励员工不断完成每个层级的难度，并通过员工的成长轨迹反观任务的难度。

乐趣至上

管理者要将“乐趣”贯穿于游戏化管理设计的全过程。在实施每步行动的时候都要反问自己：有趣吗？如果无趣，游戏化管理设计就失去了它最大的魅力。

以员工为中心设计游戏化管理

章小万设计了一套游戏化管理系统，里面参阅了大量有趣的游戏，她想着员工这下能投入工作了吧。可实践下来，员工纷纷向她反映这不是他们想要的工作方式。

优秀的游戏设计师在设计游戏的时候，极其注重用户体验，在整个游戏过程中贯穿玩家的需求、限制和期望。为此，他们会把自己代入玩家的角色，努力理解并预测玩家的行为和思维方式。因此，他们最终设计出来的游戏能让玩家沉浸其中、难以自拔。

很多管理者在进行游戏化管理设计的时候，往往陷入一个思维误区：只要将游戏中的元素和技能融入管理中，游戏化管理就做好了。结果出现的情况就和章小万遇到的窘境一样，员工对管理者设计出来的游戏化管理并不感兴趣。原因就在于，他们没有以员工为中心进行游戏化管理设计。

让员工参与设计和研发

团队管理者在进行游戏化管理设计时，要思考这些问题：员工想达到

什么目标？他想在什么样的氛围中工作？他对游戏化管理的理解是怎样的？他想在游戏管理者那里获得怎样的体验？他对游戏化工作有什么需求？团队管理者要带着这种“员工意识”让员工全程参与设计和研发，尽情地提出自己感兴趣的游戏化管理方法给管理者提供思路和方向，同时也提高游戏化管理设计的成功率。

让员工评估驱动设计

以员工为中心进行游戏化管理设计时，要以员工评估驱动而不是让员工迎合管理者的想法和设计。游戏设计师在设计一款游戏时，往往会让玩家试玩游戏并提出意见和建议，设计师在此基础上予以完善与修正，以追求更好的用户体验。因此，管理者在进行游戏化管理设计时，也要让员工

参与游戏化管理测试，以自身体验真实反馈对游戏化管理设计的评估，管理者再根据员工的评估细化、修改和完善设计。

全面满足员工体验

参与体验。强调参加、融入的特性，包括员工在游戏化管理设计前、设计中以及设计后的全程参与。表现为游戏化管理设计能吸引、引导员工积极参与整个过程，并从中体验强烈的自主感、成就感和荣誉感。例如：员工在游戏化招聘中，扮演面试官的角色参与其中，既过了一把“考官”瘾，在对应聘者的提问、选拔过程中，也充分体验到了自主权。

交互体验。强调互动、交互的特性，包括管理者与员工、员工与员工、员工与游戏的互动乐趣。表现在管理者设计出来的游戏能积极实现彼此的优秀的游戏设计极其注重用户体验，在整个游戏过程中贯穿着玩家的需求、限制和期望。

互动，让员工能够在其中感受到乐趣并获得强大的内心体验，更好地在工作中发挥主观能动性。例如：管理者要做“游戏王”与员工形成互动，员工“解锁”任务需要同事的验证等。

情感体验。强调心理认可度、情感共鸣的体验。表现为员工在游戏化管理过程中能认同整个设计并积极抒发内在情感，达到精神上的共鸣，进而在工作中实现突破。例如：员工沉浸在管理者构建的游戏化工作情境中并获得了快乐的体验，让工作本身成为一种回报。

游戏化的两种类型

章小万在书中看到：游戏化协作的模式能够大大增强团队的凝聚力和战斗力。她顿时来了精神，当天就在团队内部实行合作的工作模式。刚开始大家都热情高涨，但时间久了，个别员工就出现了工作懈怠的状况，觉得反正大家一起干，干多干少都一样，没必要那么拼命。

一些单机游戏之所以不受追捧，并不是不好玩，而是因为一个人玩没意思。目前，游戏市场上热门的游戏基本是多人在线游戏，可以在游戏中与其他玩家建立联系，或合作，或对抗。可以说，合作和对抗是吸引玩家最关键的因素。所以，只有将这两种游戏类型运用到团队管理中才算是真正的游戏化管理。

合作

在合作性游戏中，通常由两个或者两个以上的玩家共享一个目标，并且需要通过大家的共同努力完成目标。例如：在《谁是卧底》的游戏中，

通常会有两个卧底。这两个卧底通过共享一个目标，战胜其他玩家。为了达成目标，他们需要互相配合，有时甚至需要其中一个卧底故意暴露身份以保护对方。

如果游戏中只有一个卧底就会大大降低游戏的趣味性。在实际管理中，设计合作性游戏不仅有利于打造和谐的团队文化，也能够提高整个团队的协作能力。

对抗

对抗性游戏并不复杂，就是通过对抗一个或者一组玩家取胜，除非这一局游戏出现平局。例如：《王者荣耀》这款游戏采用的就是对抗模式，玩家之间可以通过组队和其他小组进行战斗，相互对抗。在对抗过程中，双

如何利用合作和对抗设计游戏化管理模式？

方的战斗力都会被激发出来，热情也会随之高涨。这正是为什么很多对抗性的游戏更容易让人上瘾。

在很多竞技类游戏中，合作和对抗是同时存在的。同样，在团队中每个人都要与其他成员建立合作，共同达成团队目标，但为了完成自己的任务，每个人又与其他成员存在竞争（对抗）关系。如果团队管理者能够充分利用合作和对抗的关系进行游戏化管理设计，必然会取得意想不到的效果。

协作模式设计

引导员工结盟。管理者通过发布结盟公告，引导员工自主结盟。例如“优势互补结盟”“共同爱好结盟”“共同目标结盟”等，将团队成员的注意力集中到共同的方向和利益中，让团队利益与个人利益达成一致。

建立协作系统。管理者在公司内部建立一个协作系统，这个系统能够合作和对抗是吸引玩家最关键的因素。

及时跟踪每个团队成员的工作情况。一旦团队成员在工作中出现问题，系统就会自动做出反馈。当团队成员需要队友帮助时，可以在系统中发出“求救信号”，其他成员会及时施以援助。

竞争模式设计

打造团队全新竞技模式——“激斗”。《英雄联盟》游戏就是通过设计“激斗”竞技模式，激发玩家的斗志，让玩家在激烈的竞争中不断提升自己、超越对方。在实际应用中，管理者也可以充分利用“激斗”模式。例如：由团队成员自主组建队伍，在每个月 25 日举办和工作相关的一系列单败淘汰赛，比赛内容主要围绕公司文化以及一些专业知识，最终在比赛中成功次数最多的团队将会获得丰厚大奖。

打造“天梯排位”系统。在电子竞技游戏中，最能引人注目的就是“天梯排位”系统。人们天生对排位有一种热爱。《暗黑》《绝地求生》等游戏正是利用这个原理，吸引玩家沉浸其中。管理者可以借助这个竞技原理，在团队内部建立“天梯排位”系统。根据员工的工作表现和工作等级对员工进行排名，并实时公布。让名次较低的员工具有一种紧迫感，进而努力提升自己的名次；让名次较高的员工能够继续保持干劲，获得成就感。

体察并利用心理动机

章小万听到小旭抱怨：“来这儿工作这么久，我感觉越做越灰心。虽然每个月都有提成拿很开心，可也就是发工资那一天很高兴。接下来还不是每天做着重复性的工作，学不到什么东西。”

人们做任何事情都是受心理动机驱使的。在游戏中，游戏设计者正是因为能捕捉玩家的某种心理动机，通过设计游戏中的某个元素或者某个环节激发玩家的这种心理动机，引导玩家主动参与游戏、自愿沉迷其中。

游戏化管理设计同样要求管理者体察并利用员工的心理动机，激发员工对工作的兴趣，并自主完成工作。员工的心理动机分为内在动机和外在动机两种。

激发员工内在动机的因素

新奇的事物。对于未知、新奇的事物，人们都有一种探索的欲望，而这种欲望会驱使人们寻找机会进行尝试。

富有使命感和责任感的任务。一旦一件事情能体现使命感或责任感，

不了解员工的心理动机就难以激发其工作兴趣

人们就会跃跃欲试。

满足求知欲。当员工在工作中遇到困难，感觉自己缺乏相应的知识时，就会产生一种求知欲。而这种求知欲会促进他们不断提升自己的能力，从而解决工作中的难题。

被需要。很多时候，玩家对游戏感兴趣是因为队友希望他能帮助他们一起取得游戏的胜利，这种被需要的感觉能激发玩家最大的潜能和积极性。在工作中，也是如此。一旦员工觉得自己是团队中不可缺少、被需要的人，他们就会自发地努力帮助其他团队成员完成任务。

激发员工外在动机的因素

工资。工资是员工基本生活的保障，是激发员工努力工作最基本的外在动机。

奖金。奖金与工资相比更具激励性，能够有效激发员工的工作积极性。

职位晋升。每个人对工作的追求有所不同，有的人只看中薪资，而有

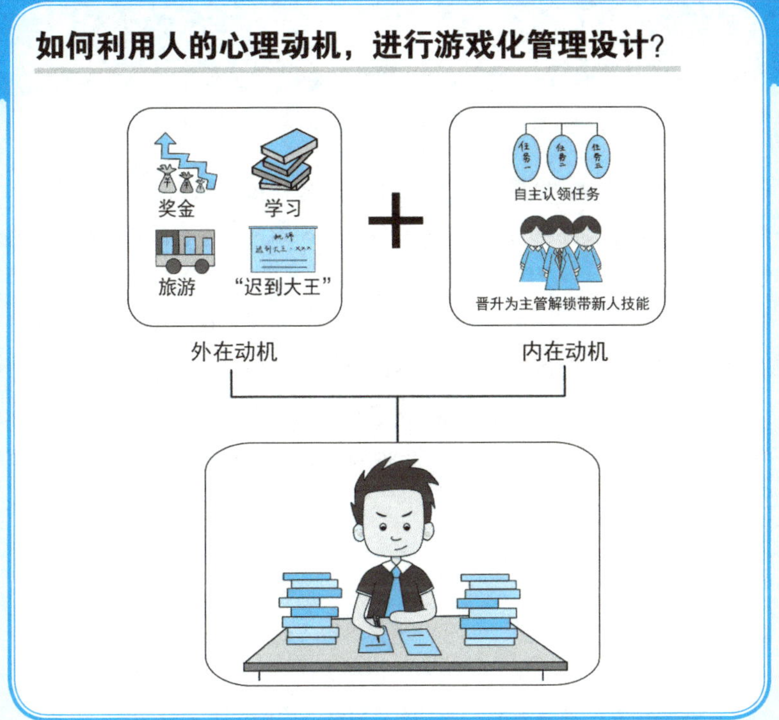

的人更看重职位。所以，职位晋升也是激发员工外在动机的关键因素。

能力提升。有些员工可能并不在乎工资的高低，而是更在意这份工作是否对提升个人能力有帮助。如果能力能得到提升，即使工资不高，他们也会努力工作。

利用外在机制，强化员工行为

奖励机制：对需要认同和肯定的员工行为进行奖励。例如：原本安排员工一个月完成的任务，员工提前两天就完成了，那么可以奖励员工两天

> 外在机制不仅可以激励、强化员工的正面行为，还可以约束、限制员工的不良行为。

的带薪假期或者相应的奖金。这里管理者需要注意的是，面对需求多元化的新生代员工，奖励机制也应该实现多元化，如员工持股、带薪进修、免费旅游等。

惩罚机制：对需要规避和否定的行为进行惩罚。例如：针对员工迟到这种现象设置“迟到员工排行榜”，通过罚款（如迟到一次罚款 50 元）的方式，最后以统计迟到罚款总额为准进行排序，排名第一的员工将被冠以“迟到大王”的称号，而当日得到的迟到罚款可以用于请大家吃饭或喝下午茶。

利用内在动机，设计“核心玩法”

自主认领任务。自主认领任务是员工自主选择自己想要做或喜欢做的工作，是一个主动的过程。这种方式相对于领导分配任务形成的被动心理感受而言，较大程度地满足了员工的掌控欲。例如：在《劲舞团》游戏中，玩家可以自主选择自己在哪个区进行游戏，进而掌控游戏的难易程度，以及决定和哪些人一起玩游戏。

建立关系需求。团队成员不再是独立存在的个体，而是可以相互“结盟”的伙伴，即一起面对工作中的困难，相互支持和帮助。例如：在《英雄联盟》游戏中，玩家可以找自己的好友组团战斗。

赋予员工更多的“技能”。游戏会依据玩家获得的分值和等级，向玩家开放更多的“技能”。例如：在《魂斗罗》游戏中，随着玩家能力的提升，可以获得更强战斗力的枪支。在游戏化管理中，管理者也可以根据员工能力和职位的提升，赋予员工更多的“技能”，而这里的“技能”更多的是

激发员工的心理动机，可以引导员工主动参与工作、自愿沉迷其中。

指权力。例如：当员工从初级技术岗位晋升到中级技术岗位，除了基本的工作技能外，还可以通过“带新人”提升管理和培训能力。

结合外在机制与内在动机

在游戏设计中，很多时候外在动机和内在动机是并存的。例如员工在工作中意识到自己缺乏演说能力，主动报了演说培训班进行学习，这是内在动机的驱使；而当他掌握演说技巧之后，不仅能力得到提升，还因此获得晋升，他就会考虑下一步还要提升哪个方面的能力，这就是外在动机的驱使。所以，在游戏化管理设计中，管理者要善于将两种动机相结合，将“物质激励”与“情感激励”相结合，以达到最大限度地激发员工工作动力的目的。

05 游戏化引擎：变欲望为内驱

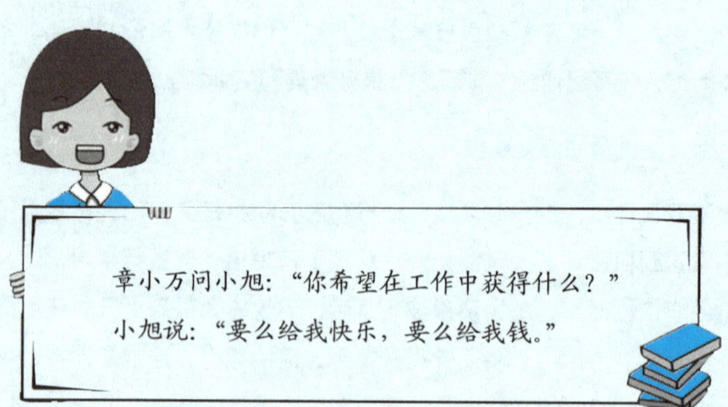

传统观念中，管理者认为激发员工的工作动力就是满足员工的需求，而事实上这种激励方式的效果并不理想。《完美激励》一书中写道："欲望驱动自我激励"。也就是说，激发员工动力的因素是"欲望"，而不是"需求"。"需求"只是人们生存的必要条件，"欲望"则是人们主动想要得到的事物。

《完美激励》一书中列举了员工的七大欲望。

活动欲。员工希望主动参与，希望工作多些花样。

占有欲。员工希望"占有"他们的工作，在工作中有这样的感觉：自己对这份工作或者某个大项目负有责任。

权力欲。团队领导者通过有效"授权"，激发员工巨大的内在动力。

亲近欲。员工对工作角色产生认同感和归属感，增强工作动力。

能力欲。每个人都希望在工作中发展更多能力，所以团队要为员工创造一种不断学习和成长的环境。

成就欲。如果员工在工作中能够获得成就感，那么任何外部的奖励都是没有必要的，甚至有时外部的奖励还会减少成就感所带来的快乐。

被认可欲。每个人都希望被别人赞赏和理解，希望他们的优点和贡献受到认可。得不到足够认可的员工，会变得消极和郁闷。

团队管理者需要从员工这七大欲望入手，通过有趣的游戏化设置，将员工的这些欲望转变为工作动力。

在办公室玩出新花样

工作接力赛。游戏中的接力赛使玩家希望上一位参加者能跑得更快，而到自己接棒的时候也会迸发极大的动力去完成任务。在工作中，当几个人做同一项任务时，管理者也可以利用接力赛的方法，让员工投入最大的热情。

王牌对王牌。管理者将团队分为两组，并设置相同的任务，在规定的时间内两组分别独立完成，最后分出胜负。胜利的一组会获得大奖。

办公室舞蹈。管理者可以让团队员工进行舞蹈“比赛”，不设定一定的评判标准，不管是“魔性的步伐”还是“优美的舞姿”，只要能带来热烈气氛，员工就被评选为当周的“舞蹈王”，并获得奖励。

辩论赛。将团队分为两组就某个项目内容展开辩论。通过辩论让员工对项目有更全面的了解，彼此配合得更默契，使工作的开展更顺利。

把不得不做的事变成喜欢做的事

让员工在工作中有快乐感觉的因素包括能胜任有挑战性的工作、承担责任、得到别人的认可、个人的成长等。这些都能转化为工作的动力。管理者可以从以下几个方面对快乐工作进行设计。

自主——“我来决定完成哪道难题，我来决定怎么完成”。给员工自主选择工作项目和工作方法的机会，使员工在工作中得心应手，进而获得

可变奖励能给员工带来刺激和惊喜。

快乐。

能力——“我做出来了”。当员工完成一项挑战时，能获得很大的快乐和满足。所以，团队领导者要不时地为员工创造挑战机会，并支持共同完成挑战。

关系——“我可以和同事分享自己的成果”。认可和赞美会激发员工工作的乐趣。当员工成功晋级，管理者可以给该员工颁发徽章，而徽章带来的福利是可以分享的。例如：帮助同事实现愿望，融洽人际关系。

可变奖励——“我很期待这一次的战利品”。可变奖励能给员工带来刺激和惊喜。就像在游戏中，可变奖励就是杀死怪物或者敌人掉落的战利品。管理者可以让员工认领一棵“小树苗”，每天用工作经验值浇灌。小树苗随着浇灌越长越大，在这期间会“掉落”一些小礼品，员工可以进行实际兑换。

06 游戏化设计的 4 种趣味元素

经过一番研究，章小万带领下属共同设计了一个目标导图。导图中设置了不同困难等级的关卡，并且每个员工都能看到自身在导图中的等级以及距离目标的差值。每当员工闯过一个关卡，其等级和困难程度就会升高。

通过对玩家在游戏过程中关注点的变化研究，同时根据《游戏设计的100个原理》一书中的“拉扎罗的4种趣味元素”，我们将游戏化设计的趣味元素分为以下4种。

简单趣味。主要是指玩家对一种游戏产生兴趣，并开始尝试，然后被带入游戏情境，无法脱离出来。简单趣味表现为玩家单纯因为玩游戏而产生的乐趣。

困难趣味。玩家在玩游戏的过程中，由闯关而产生的乐趣，并且随着难度级别的增大，玩家会产生更强的游戏动力。

他人趣味。玩家在和朋友、对手等一起玩游戏时产生的乐趣。例如：战胜对手会提高玩家的自豪感和兴奋感，和朋友一起玩会有参与感和话

题感等。

严肃趣味。这是一种升级的情感表达体验，倾向于表达玩家的价值观和某些现实愿景。例如：他们把游戏中的攻击目标设置为自己的老板，或在游戏中举行“婚姻联盟”，结为夫妻共同作战等，都在一定程度上表达了他们的现实愿望。

对于团队管理者而言，要想设计出有趣的工作，就要充分利用这些元素让员工对工作充满热情甚至沉浸其中。

设计简单趣味元素

主要是以激发员工的好奇心和尝试心为主。例如：设计流动的工作模式，实行不定期的岗位轮换。在工作中，一部分员工在最开始并不了解自身的真正兴趣，而适当的岗位轮换可以让员工找到自身的潜力和兴趣。丰富的工作内容能够充分调动员工的好奇心，让他们敢于尝试不同的岗位，

如何利用趣味元素设计游戏化管理模式？

激发好奇和尝试心理

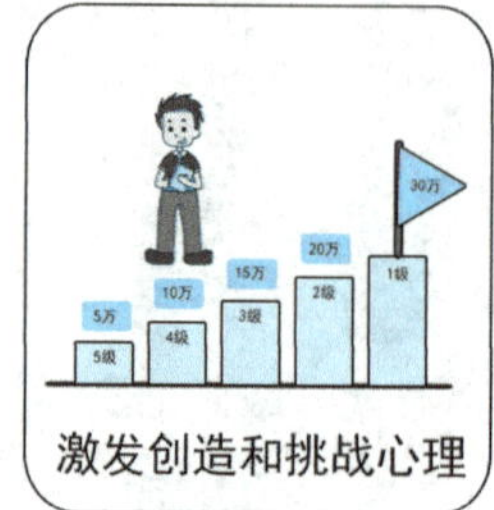

激发创造和挑战心理

创造互动氛围

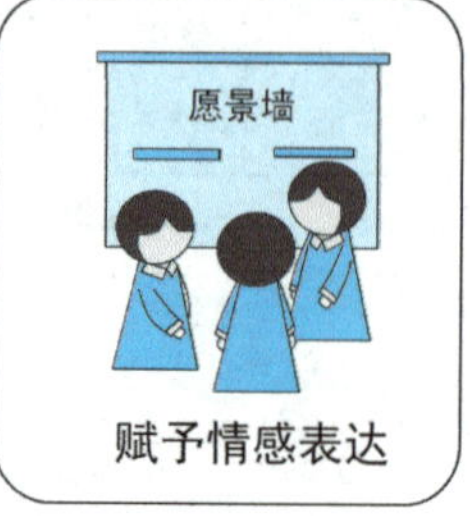

赋予情感表达

发掘内心真正的兴趣，员工找到真正与自己兴趣相符合的岗位之后，就会沉浸在这种工作情境中，在该岗位上深入探索。

设计困难趣味元素

设计困难趣味元素主要是以激发员工的创造和挑战心理为主。例如：设置不同难度系数的关卡，针对不同难度系数设置对应的物质奖励，难度系数越高奖励越多。为了有效激发员工的积极性，管理者可以先带头示范，主动挑战困难，激发员工的“玩家”心态，让员工在冒险和挑战的过程中充分体验其中的乐趣。

他人趣味表现为玩家在和朋友、对手等一起玩游戏时产生的乐趣。

设计互动趣味元素

管理者需要在工作中增加更多的互动环节，创造互动、交流的文化氛围，让员工在互动中获得快乐。例如：讨论环节——在分配任务之后给予员工内部讨论的时间，在会议过程中给员工腾出一定的交流时间等；活动环节——定期在公司开展一些文化活动、娱乐活动，让员工能够在积极互动的文化氛围中拥有更大的话题感和参与感。

设计严肃趣味元素

在工作中赋予情感表达，让员工通过工作表达自身的愿景，将工作看成理想的一部分。例如：让每个人根据自身的愿景和工作岗位，设计一张未来蓝图，包括由哪些目标组成、最后呈现的效果是怎样的，均由员工自己掌权设计。

07 游戏化设计的公平原则

根据业绩表现，章小万提拔小旭为销售组长。会后，她听见小鑫抱怨：“小旭是表现不错，可我也不差啊！何况我来公司比他早。想想就心塞，领导这样做真是太不公平了！”

新生代员工有着强烈的自我意识，他们希望在工作中得到公平公正的对待。而在传统管理模式中，升职加薪由领导决定，员工很少参与其中。这不免让很多员工产生一种不公平感，甚至心生怨气。当员工觉得领导行事不公时，很可能会将这种负面情绪发泄到工作上。

玩家在玩游戏的时候，很少会有不公平的体验。如果有这样的感受，一定是游戏的问题，玩家会选择放弃这款游戏。游戏之所以让人着迷，除了具有一些趣味元素外，还因为游戏的设计遵循了公平原则。例如：游戏中的榜单让玩家清楚地知道自己在游戏中的排名、等级以及上升空间等，对每个人的进步和成长，大家都是有目共睹的。

人们愿意牺牲自己的物质利益，成就他人的利益

这个规则的建立需要一个非常严格的条件，就是如果团队成员之间态度友好，那么其中个别成员会更容易表现利他行为。这个规则无形之间加强了各成员的亲密关系。例如：罗辑思维的游戏化管理体系中“节操币”的设计——“节操币”的持有者只有通过赠送的形式实现其价值。这种做法能够促进团队成员相互关注，肯定对方的价值，并且通过自主选择增强公平的体验。一切都是自己选择的，自己认可这种公平。

有人愿意折损自己的利益，以达到处罚对方的目的

一个员工对另一个员工不友好，有时另一个员工宁愿折损自己的利益也要达到处罚对方的目的。例如：当一个员工有意拒绝另一个员工的求助时，另一个员工也会以各种理由不配合其工作，哪怕自己被扣了奖金也在

如果玩家在游戏中产生不公平的体验，一定是游戏最大的问题。

所不惜。员工以通过对自我的“处罚”进而达到处罚对方的目的，来实现内心的平衡，进而达到自己认为的“公平”。

物质损失越小，越会发生以上两种情况

员工会考量牺牲自己的利益，是否“得不偿失”。简单来说，员工舍弃的利益越小，他们越愿意帮助别人或者惩罚别人。这也给管理者一个很好的警醒，要对利益大小的设置做一个合理的考量。

清晰地定义团队制度

游戏之所以能体现公平，就是因为游戏中清晰地定义了游戏条款和规则。例如：在《绝地求生》这款游戏中，其游戏规则是每局都会有1000多名玩家参与，他们将会被投放到绝地岛。在游戏刚开始的时候，所有人都一无所有。玩家需要在岛上收集各种资源，在不断缩小的安全区域对抗其他玩家，让自己生存到最后。当玩家看到这样清晰的规则后，自然会觉得很公平，因为其他玩家都在同一个起跑点上，大家刚开始拥有的资源都一样。

同样，管理者在管理之前就要清晰定义团队的规则制度，如奖惩机制、绩效考核机制、晋升机制等，在团队内部初步建立公平意识。

所有员工都知道并答应遵守制度

制度制定了，员工并不一定认可。就像玩家在玩游戏的过程中，可能因为没有注意游戏规则或相应的条款，导致“阵亡”。这时候玩家一定会

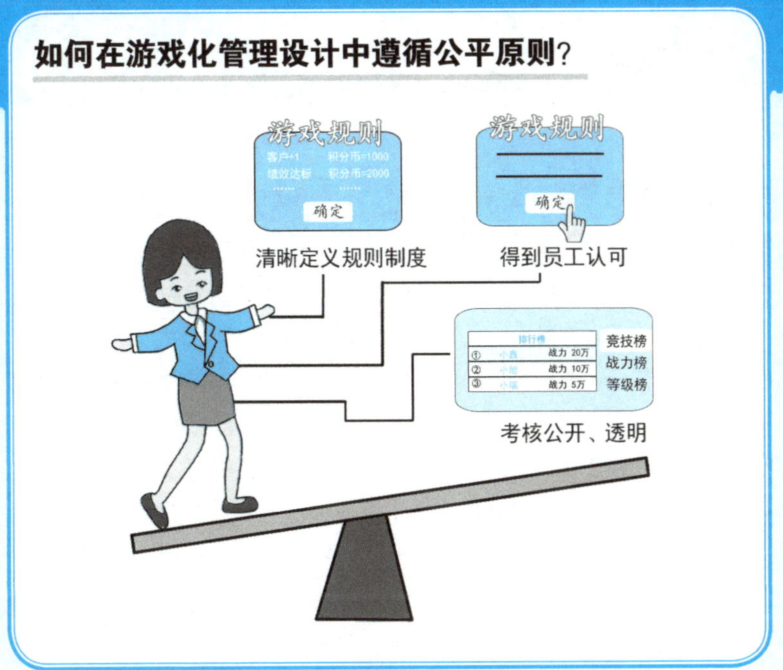

抱怨游戏不公平，认为游戏开发商没有明确公布游戏规则，导致自己操作失误。同样，在管理工作中，如果制定的规则没有得到员工的认可，员工也会有不公平的感觉。因此，管理者在清晰地定义团队制度后，要让所有员工都知道并答应遵守制度。例如：在制度确定之后召开讨论会，让所有团队成员必须参加，统一意见之后，让每个人签字确认。就像很多游戏发布预习规则之后，玩家都要点击“同意”该条款才能进入游戏。

实现考核的公开透明化

很多时候让员工感到不公平，是因为工作结果的好坏由管理者判定，并没有一个准确、公开、透明的考核依据。而在游戏中，几乎所有和游戏游戏之所以让人着迷，除了具有一些趣味元素外，还因为游戏设计遵循了公平原则。

成败相关的信息是公开透明的。例如：在《王者荣耀》游戏中，每局游戏结束后都有一个榜单，你“杀”了多少敌人，你的队友战胜了多少敌人，都以数据的形式呈现出来，让玩家一目了然，对结果也会心服口服。因此，团队也可以效仿这种做法，实现考核的公开透明化。

让数据说话。数据是最能体现公平的一个元素，也是实现公开透明化不可缺少的一项。管理者可以模仿游戏中榜单的设计，让各成员的工作表现如实地呈现在团队内部的例会或协同办公系统上，让各成员对彼此的工作成绩一目了然，人员的加薪升职也参考排行榜上的积分排名进行判定，让数据说话。让一切有据可依，有效提升员工对公司的信任。

建立信息公开平台。游戏信息通常会直接在游戏主页上公布出来，玩家很容易看到。但在以往的团队管理中，信息公开平台比较少，出现了不公平的现象。为此，管理者可以建立信息公开平台，如办公软件的群内公告、办公室的公告栏等。

建立申诉机制。虽然拿数据说话更有力量，但很多时候会因为各种原因导致数据不准确或者数据无法体现员工能力。管理者为了确保公平，就要建立申诉机制，让员工在遭遇不公时，可以向管理者反映。

游戏化设计的工具

周一上班，章小万发现员工都凑在一起，似乎在讨论着什么。她听见小睿兴奋地说：“昨天我任务完成得蛮好的，一下子就增加了 100 点呢！明天我再加把劲就可以获得一枚徽章了。”这时，小旭不屑地说道：“这有什么好开心的。看一下排行榜你就知道什么是‘小巫见大巫’了。”

很多管理者开始积极探索游戏化管理，希望能够赢得新生代员工的青睐，但是大多数人只是把“游戏”搬进了团队的管理中，无法起到实质性的作用。真正的游戏化管理，是将游戏化的思维模式和游戏化工具注入团队管理中，从而以全新的思维和工具颠覆传统的管理模式，吸引更多的新生代员工。

就像章小万团队的成员因为在工作中可以获得点数和徽章而对工作充满激情，自发努力工作。通常情况下，游戏化的工具包括既定目标、点数、徽章、排行榜、打怪升级、战斗、赠予、任务、排行榜等重要因素。

既定目标：让员工明确方向

在《超级玛丽》游戏中，玩家的既定目标是闯过所有关卡，到达终点，游戏成功。同样，在游戏化管理中，管理者要设定一个既定目标，如月末完成 50 万元的销售额。

点数：将员工的行为数值化

点数是绝大多数游戏会有的一个元素，是游戏进展的数字表示。管理者可以在管理工作中设置有效记分，对员工的工作表现进行有效记分，记录员工的点滴成长。当点数达到一定级别时，员工可以兑换实质性奖励。例如：点数达到 100000 点时，奖励一次免费旅游或某餐饮店的代金券等。

徽章：满足员工的成就感

徽章是点数的集合。通过颁发徽章对点数分等级，产生一种视觉化的成就感。管理者可以在工作中设置多元化的徽章，以鼓励不同类型的人才。

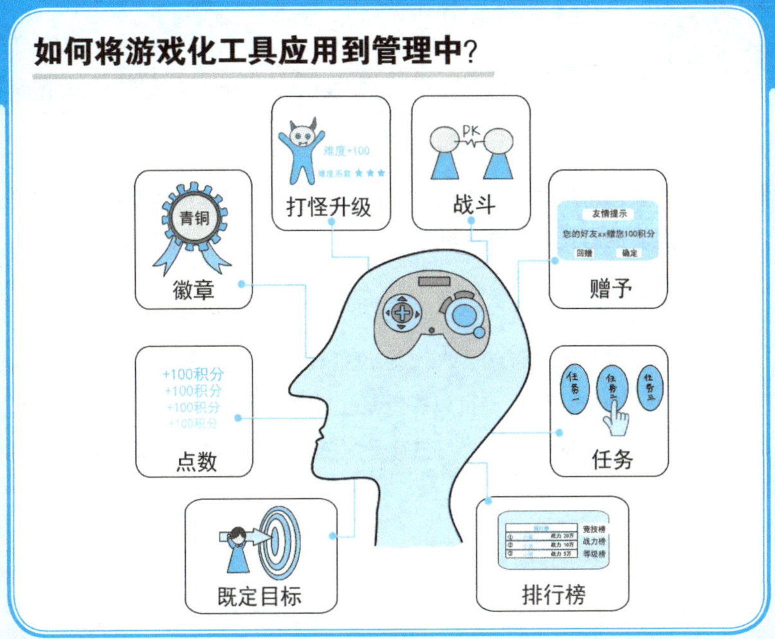

例如：在团队平时的团建活动中，才艺表现突出的可以奖励“综艺咖”徽章；在项目中表现优秀的员工，可以获得“项目王”徽章或“创新帝”徽章。

打怪升级：给员工挑战性的任务

游戏因为需要打怪升级让玩家爱不释手。因此，管理者在游戏化的设计中，可以设定打怪升级环节，给员工安排挑战性的任务。任务会不断升级，每升一级难度也随之增加。如刚开始负责 100 万元的项目，后期可以负责 500 万元的项目。

战斗：成员之间竞争

游戏中最激烈也是最让玩家激情四射的环节，莫过于和对手的“厮杀”。

只是把“游戏”搬进团队的管理中，无法起到实质性的作用。

管理者可以将团队成员分成不同的小组，安排难度相同的任务，让小组之间竞争，激发他们更大的潜能和动力。

赠予：与团队成员共享资源

玩家在游戏中喜欢与自己的队友分享技能和经验，以便他们能一起共同战胜对手。为此，管理者可以在游戏化管理工作中，让成员互相赠予，共享资源。如规定某一日为“积分互赠”日，员工需要互相赠送积分，或者分享自己的经验获取积分。

任务：将任务目标与奖励挂钩

在游戏中，任务是关键工具，玩家必须完成一个个任务，才能取得成功。而设置任务的同时也要将任务与奖励挂钩，否则会让玩家失去兴趣。在游戏化管理工作中，可以将不同的项目设置成任务，员工可以选择完成自己的任务，每完成一项任务可以获得相应的积分，积分可以兑换奖品或者用于晋升申请。

排行榜：将员工的成长可视化

在游戏中，玩家通过排行榜可以知道自己在游戏中的排名，进而产生一种提高名次的内在动力。当排行榜用在管理中时，为了激励更多的员工，要对员工行为进行全方位的考察，而不是单纯地以业绩作为衡量的唯一标准。例如：管理者可以从德、勤、绩等多个维度考察，如管理者可以设计“绿色排行榜”（以员工的创意为评价标准）、“黄色排行榜”（以员工的业绩为评价标准）等。

积极情绪是参与游戏的终极奖励

小旭抱怨道："领导每天都让我们'嗨'起来。可我在工作中没得到什么幸福，又怎么能'嗨'呢？如果再这样下去，我可不愿意继续在他手底下工作了。"

与游戏相比，工作是让人沮丧的。游戏能让玩家保持积极乐观的精神，即便始终在付出也不觉得累，工作却难以达到这样的效果。

游戏中的挑战让人充满期待

索尼娅·柳博米尔斯基（Sonja Lyubomirsky）曾在《幸福多了 40%》一书中写道：提高人们日常生活质量最快速的方法，就是"赋予人们具体的目标，一件可以去做又能抱有期待的事情"。明确的目标会给人带来积极的情绪。游戏玩家会为了解锁更多的任务努力通关，而日常工作的设计，很难让人们对下一步的工作产生期待，甚至很多时候，人们根本不知道下一步目标是什么。

与游戏相比，工作是让人沮丧的

游戏能让员工消除对失败的恐惧，更渴望成功

游戏中的失败能创造乐趣，使玩家不会因游戏的失败一蹶不振，甚至还会激发玩家发起新一轮挑战。而在现实工作中，失败会挫伤员工的工作积极性，使员工害怕失败。

游戏的及时反馈系统

反馈是玩家感知游戏乐趣的重要途径。游戏中的及时反馈系统能够帮助玩家获取持续战斗的动力，并且能够根据玩家在游戏中的表现做出有效评估，激发玩家全身心地投入游戏。例如：在《魔兽世界》这款游戏中，页面顶端会不断显示：耐力 +1，智力 +1，力量 +1，通过这些实时的反馈和奖励，玩家会不断得到乐趣和兴奋感，从而更主动地投入到游戏中。而在实际工作中，员工在完成某项工作或者工作出现问题时，可能很长时间才能得到反馈，甚至永远也得不到反馈，从而降低了员工工作的积极性。

如何引导员工的积极情绪？

积极反馈

积极的正向反馈。例如：在公司内部建立及时加分的反馈系统，当员工完成一个小目标时，系统就会自动加分，让员工能够及时、直接地看到自己努力的成果，进而产生一种自豪感和成就感，带动积极情绪。

积极的失败反馈。失败反馈是一种强有力的激励方式。管理者可以设计一套“重启”系统，允许失败。例如：当员工挑战任务失败时，管理者可以设置一个“Do It Again(再做一遍)”按钮，此按钮的功能是为员工分析执行任务失败的原因并快速帮助员工重启任务，展开下一步工作，有效分担员工的挫败感，调动员工的积极情绪。

反馈是玩家感知游戏乐趣的重要途径。

实时反馈

实时动态反馈。例如：根据员工工作过程中的表现，灵活调整管理模式。当员工遇到工作难关时，延长员工上交任务的时间或为员工提供支持和帮助，降低员工因障碍引起的焦虑，从而增加积极情绪。

实时奖励反馈。根据工作成果设置对应的奖励，员工每完成一个目标任务就能获得奖励，包括奖金、有品位的小礼物等；根据工作表现设置对应的奖励，为工作态度认真、兢兢业业的员工颁发荣誉奖，并将表彰信息张贴在优秀员工榜单中。

心流理论：循序渐进地提高难度

一大早，小旭就郁闷地抱怨道："领导昨天给了我一个任务，难度超级大，我感觉无从下手。"小睿跟着说："是啊，就算领导想锻炼我们的能力，也要慢慢来啊！"

当玩家沉浸在游戏中时，眼睛会一直盯着屏幕，手指下意识地按个不停，整个人都陷入了一种"不可自拔"的状态。当玩家快要攻克挑战的时候，他的所有注意力都集中在游戏屏幕上，非常享受这个过程并达到狂喜状态。

米哈伊·奇克森特米哈伊（Mihaly Csikszentmihalyi）将这个现象称为"心流"。出现这种状态的一个很重要的前提是，人们的技能和他所从事的任务难度是一致的。而人们在长久的工作中，很难有这样一种体验，因为员工总是要挑战高难度的任务，进而带来了沉重的压力和负担，而玩家获得心流体验恰恰是因为任务挑战的难度和他的技能水平相匹配。因此，为了让员工产生心流体验，管理者可以依据心流理论循序渐进地提高难度。

任务难度和技能水平相匹配才会产生“心流”

初级阶段：新手玩家——不会产生心流

游戏设计师在设计游戏时通常会设置新手引导和入门关卡。这些工作是有必要的，是以后玩家在游戏中获得心流体验的基础。当然，设置新手引导并不仅仅是让玩家了解游戏流程，更重要的是让玩家知道接下来如何玩游戏。新手指引的基本思路是“由简单到复杂”，切忌将所有的流程和技能全部介绍给玩家。这样玩家不仅难以接受，其学习过程也会因繁杂而变得无趣。应用到团队管理中，对于初入职场的新人或新加入团队的员工，管理者首先要做好岗前培训，同时布置一些简单、容易上手的工作。如果一开始就布置高难度的工作内容，他们不仅手足无措，甚至会产生深深的挫败感。

练习阶段：普通玩家——引导心流体验

当玩家对整个游戏有了一定的了解后，他们会正式进入游戏。在练习阶段，玩家并没有熟练，但是从游戏中获得的美感、乐趣，使他们能在入

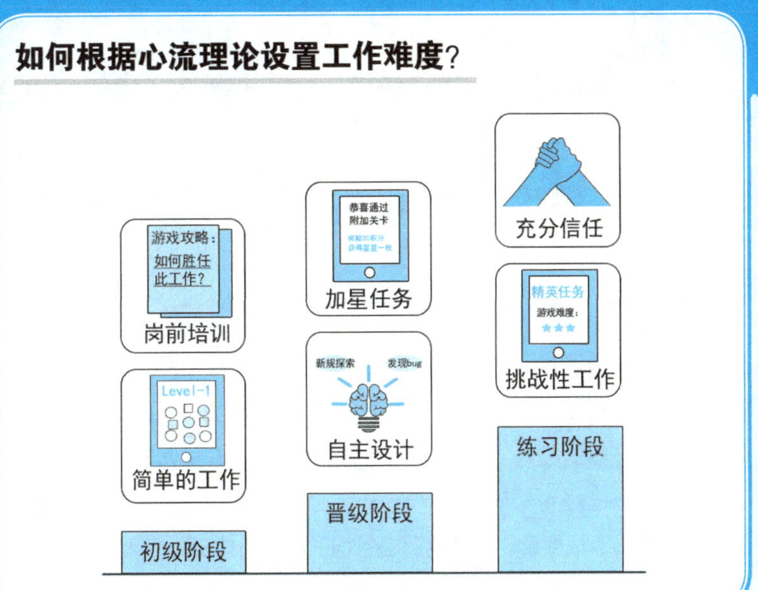

门阶段后对游戏继续保持浓厚的兴趣。这时候，游戏设计师就需要思索如何引导玩家的体验。例如：设计精美的画面、有趣的角色、引人入胜的故事等吸引玩家继续游戏。以《王者荣耀》为例，该游戏通过设计精美的画面、历史人物角色（如刘备、大小乔等）和有趣的历史故事，使数以亿计的玩家深陷其中，而类型多样的皮肤更是让玩家“中毒”颇深，乐不思蜀。

在团队管理中，管理者同样可以通过设计有意思的挑战，或者营造良好的工作氛围，让员工对完成任务充满信心和热情。

加星任务。设置一些稍微有难度的任务，在员工完成后，管理者进行加星记录，最后将这些小星星折算成奖励。

“心流”指一个人所有的注意力都集中在某件事上，非常享受这个过程并达到狂喜状态。

自主设计。鼓励员工尽可能地在工作中添加自己的创意设计，完善整个工作。

晋级阶段：熟练玩家——达成心流体验

到了晋级阶段，玩家对游戏已经完全上手，掌握了晋级所需的技能并玩出了一定的成绩。在荣誉感和成就感的激励下向更高一层进发时，玩家会进入一种狂热的投入状态，进而达成心流体验。在团队管理中，此时员工具备的技能已经完全可以支撑他们胜任工作，他们渴望的是更有挑战性的工作和更大的成就感。一旦遇到自己擅长并且可能获得巨大成就的任务，他们就很快形成心流体验，甚至数小时都沉浸在工作情境中。因此，管理者可以设计具有挑战性的工作给处于这个阶段的员工，让员工独立安排工作，给予其充分的自主权和信任感。

第3章

招聘设计：让人才主动参与竞争

传统的招聘模式已经很难适应新生代员工。游戏化招聘设计强调把招聘过程变成一个个小游戏，让求职者从被动参与转变为积极主动参与招聘。

01 游戏化时代，招聘可以更具吸引力

团队亟须招聘新人，于是章小万联系人才招聘市场，同时在招聘网站发布了信息。一周后，收到的简历却寥寥无几。章小万不禁疑惑：难道是招聘方式出了问题吗？

新生代员工追求个性和自由，枯燥的工作对他们来说是难以忍受的。而求职者最初接触一个团队是从招聘开始的。求职者会在面试的过程中通过面试环境、面试官的提问模式、工作内容对所应聘的团队形成初步的判断。而对企业来说，“一问一答”式、无差别化的传统招聘方式很难测评出应聘者的真实能力，往往在招聘过程中出现“信息误读”等交流障碍，甚至管理者“费尽心机”地招来的“人才”，在实际工作中却出现各种问题。

作家理查德·林德加德（Richard Lindgard）曾在 1907 年说过：“看他玩 1 小时游戏对了解他的帮助要胜过与他交流 7 年时间。”以色列创业者盖·哈福特克也曾说：“希望其游戏技术能够帮助企业招到合适的员工。”由此可见，游戏化招聘能够让企业更快地了解员工的能力，并招到合适的员工。

传统招聘方式难以吸引新生代员工

游戏化招聘是将游戏元素、游戏思维及游戏机制应用到人才的选拔中，不仅增强了趣味性，还弥补了信息沟通渠道欠缺、传统测评不准确的弊端。而且它特有的游戏化方式和思维更符合新生代求职者的喜好，促使他们积极参与、主动挑战。同时，团队也通过互动，对新生代求职者的能力和素质有更全面的了解。

招聘标准个性化

传统招聘标准是基于岗位需求提出的一些硬性指标，如专业技能。而游戏化招聘是在这些硬性指标的基础上进行个性化设计，以满足新生代员

如何通过游戏化设计让招聘变得有趣？

个性化

独特化

游戏化

趣味化

工的个性化需求。例如：让求职者自主撰写求职标准。以招聘文案人员为例，管理者只需在招聘启事上写："招聘文案人员，大专以上学历，具备一定的写作能力。你觉得文案还需要哪些能力或素质，并且你恰好具备，请留言给我们。"

招聘渠道独特化

传统的招聘渠道有网络招聘、移动客户端招聘、校园招聘、广告招聘、招聘会招聘等。这些招聘渠道一般存在缺乏针对性、不够有趣的弊端。游戏化招聘往往另辟蹊径，根据求职对象的特点设计独特的招聘渠道。例如：《职来职往》就是一个典型的游戏化招聘栏目。《职来职往》通过职场真人秀的方式，把娱乐、游戏融入招聘环节。在"职场零距离"版块中，求职者可以通过以往的经历，针对所求职位，秀出自己的特长、能力。求职者

游戏化招聘不仅增强了招聘活动的趣味性，还弥补了信息沟通渠道欠缺、传统测评不准确的弊端。

在自愿、主动参与的同时，面试官也能更直观地了解求职者。此外，行业沙龙、主题活动等也是不错的招聘渠道。

招聘流程游戏化

管理者在设计游戏化招聘流程时，需要注重乐趣，摆脱传统的一板一眼的招聘流程。例如：腾讯校园招聘设计的编程马拉松活动，该活动共分为限时答题、在线编程和编程马拉松 3 个比赛阶段，通过了考验的求职者入围决赛。在决赛时，将求职者分为几个小组，每个小组需要在 24 小时内做出一个编程项目。通过做项目能很好地测验求职者的知识技能、观察能力和团队协作能力。此外，还可以采取模拟情境、无领导小组讨论等方式考查求职者各方面的素质。

选拔流程趣味化

在人才选拔这个环节上，趣味化的人才甄选工具非常重要。如采取会餐制，即管理者组织求职者参与自主餐会，按照求职者在会上的谈吐举止进行打分，以确定入选者的名单；管理者也可以问一些出其不意的问题，如“为什么下水道的井盖是圆形的”“请用一种水果形容自己”，通过员工的回答判断求职者的个性特征和思维方式，进而甄选出自己需要的人才。

02 游戏化招聘的好处不止于“人才”

在策划校园招聘活动时，小睿提出一个问题，引起了章小万的深思。小睿说：“我们对招聘活动的策划点全部放在招人上面，花费这么多人力、物力，是不是有点得不偿失？除了招人，在招聘会现场，我们是不是还可以宣传企业形象？”

企业常用的单向招聘模式仅仅是为了选拔“人才”而设立的。很多管理者认为招聘的意义就是为了挖掘人才，只要将“招人”这件事情做好了，招聘的价值自然就体现出来了。事实上，招聘的价值远不止于“招聘人才”。

传播企业形象。在游戏化招聘中，可以将招聘当作一场公关活动，积极传播企业文化，帮助企业树立良好的形象。

储备人才队伍。帮助企业储备需要的人才，做好淘汰和离职的人才补给，确保企业稳定发展。

丰富企业文化。极具特色的游戏化招聘模式会为企业文化添加新鲜的血液。无论是应聘人员还是企业内部员工，都将感受到充满活力、个性的企业文化。

设计“雇主品牌秀”：放大企业的外部影响力

例如：在大学或者大型广场举办一场宣讲会，将宣讲主题命名为“××公司武林大会”，然后邀请应聘者前来参加。在面试之前，公司选出几名优秀员工代表，向求职者描述公司日常的工作氛围与独具特色的团队文化，然后再设计一些情境化面试，这样既生动地宣传了企业，又能够对应聘者进行有效甄选。

设计“实习生计划”：提前为企业储备人才

球队会利用储备替补球员确保比赛人员和整个比赛环节的稳定性。在企业管理中，管理者可以充分利用这个原理为企业储备大量的人才。例如：设计“实习生计划”的招聘模式，将毕业生实习与企业的校园招聘结合起来。每年在公司内部推行“暑期实习计划”，向各大高校发布实习生招聘信息，

招收一些即将毕业的大学生到公司实习。实习结束后，公司可以对表现优异的实习生发出正式聘用书，毕业后就能正式入职。

设计大型竞技赛：打造丰富、全面的企业文化

例如：以“××公司大型知识竞赛”的形式进行面试。在竞赛环节中，穿插一些有趣且能够测试求职者情商、思维方式和能力水平的游戏，最终有针对性地筛选各类人才，如情商高、有设计天分、有策划思维等。确保公司招到丰富多样的人才，以促进团队文化的全面发展。

招聘目标设计：你需要什么样的人才 03

一位毕业于国外名校的高才生应聘营销岗位，虽然他的专业和经验不太对口，但章小万觉得人才难觅，还是用高薪把他留了下来。可是，章小万很快就发现他的专业特长无法与团队发展的实际需求相结合，人才无用武之地，不得不辞退了他。

人才招聘看似非常简单，但要想招到称职的、合适的人才并不容易。章小万在招聘员工的过程中面临困境，其根本原因在于，团队管理者没有搞清楚团队到底需要什么样的人才，没有明确招聘的目的。如此就导致管理者在招聘中容易走向两个极端：要么对应聘者来者不拒；要么拔高人才的标准，高学历、有经验、有资源……一个都不能少。

招聘的目的不是选拔录用最优秀的人员，而是招聘最适合企业的人员。否则，游戏化设计得越完美，招聘效果越好，给团队带来的损失就越大。就像章小万招聘了一位优秀的人才，但最终因为人才的专业特长与公司发展的方向不契合，以失败告终。

因此，管理者在招聘人才前，要问自己：我们团队做什么？岗位要求

没有明确的招聘目标难以招到合适的人才

是什么？我们需要什么样的人才？只有弄清楚了这几点，才能精准识别求职者是否符合团队的发展要求。

第一步：分析岗位要求

在一个团队中，不同的岗位需要承担的工作内容与责任不同，对人才的能力和素质要求也不同。一般来说，可以从以下几点对岗位要求进行分析。

需要做什么？（包括分析工作内容、关键成果等。）

需要哪些能力才可以把工作做好？（包括学历、专业、工作经验、职称、个性特点、体力要求以及其他方面的要求等。）

第二步：构建人才需求模型

在对岗位要求进行了全面分析之后，就要针对不同的岗位构建团队的人才需求模型。以下一页图中某公司前台岗位的要求为例，我们可以构建出该公司前台人才的需求模型。

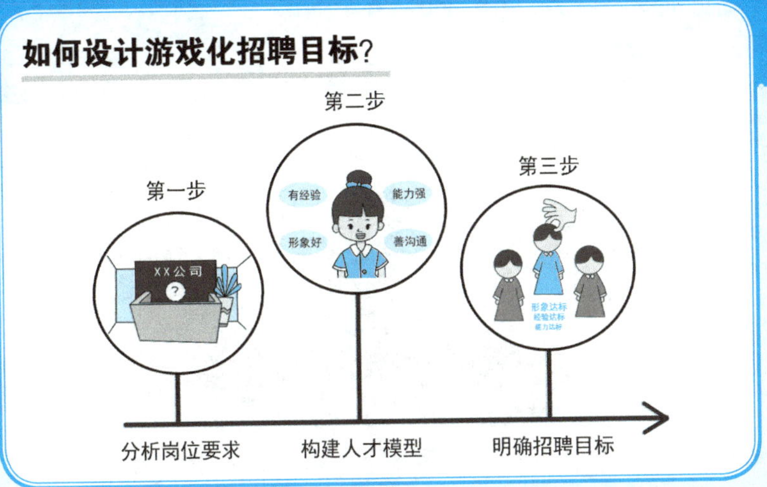

需要做什么	需要哪些条件
➢ 接听和转接电话 ➢ 认真记录重要事项并传达给相关人员 ➢ 接待、基本咨询和引见来访客户 ➢ 收发传真、复印文档，收发信件、报刊、文件等日常行政事务 ➢ 协助行政经理完成各项工作的统筹下发等 ➢ 维护办公环境及秩序 ➢ 及时更新和管理员工通信地址和电话号码等联系方式 ➢ 完成领导交办的其他工作	➢ 女性优先 ➢ 中专及以上文化程度 ➢ 20 ～ 28 岁 ➢ 身高 164 厘米以上 ➢ 性格开朗随和 ➢ 形象气质佳，有亲和力，衣着整齐、大方、得体 ➢ 普通话标准，有一定的外语能力 ➢ 熟练使用电脑、传真机、复印机、打印机等各种办公设备 ➢ 熟练使用各种办公软件 ➢ 具有良好的沟通交往能力，精通各种礼仪常识 ➢ 具有一定的组织协调能力，思维敏捷，应变能力强 ➢ 从事过前台接待工作者优先考虑

某公司前台岗位要求

第三步：明确招聘目标

完成前两步之后，管理者基本上已经知道自己需要什么样的人才了，招聘的目的不是选拔录用最优秀的人员，而是招聘最适合企业的人员。

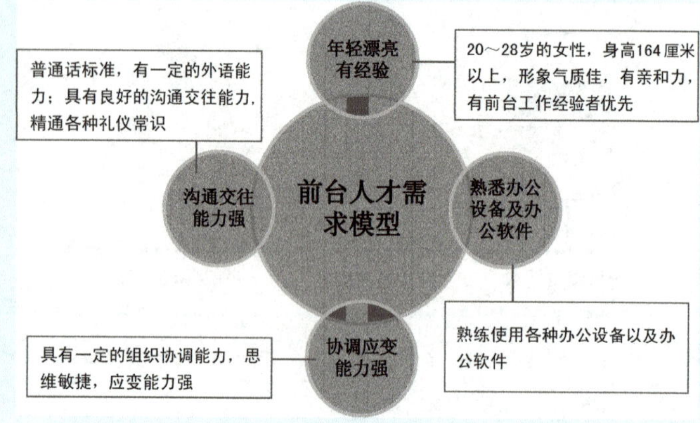

某公司前台人才需求模型

但仅仅做到这些还不足以为游戏化招聘设计提供更大的帮助，管理者在招聘中还需要明确以下几个原则。

明确具体原则。求职者在看企业的招聘启事时，有时会面临一些困惑，如任职要求上有一项是形象气质佳，那么到底什么标准才算形象气质佳呢？因此，“形象气质佳”不等于标准，而“20 ~ 28 岁，身高 164 厘米以上”才是明确、具体的标准。只有这样的设计才可以纳入游戏化设计的目标。

数据化原则。在招聘时，“招聘若干销售人员”会使游戏化招聘在设计筛选环节时陷入困境，而“招聘 10 名销售人员”就很精准。

实际性原则。企业招聘最重要的一点，就是人岗匹配原则。当能力大于岗位需求时，会使人才流失；当能力小于岗位需求时，会使业绩下滑；只有当能力等于岗位需求时，才能发挥最大的效用，创造良好的业绩。

招聘信息设计：语言有趣，福利好玩

章小万每天都会查看网上的招聘启事，结果发现不仅求职者少之又少，甚至连浏览人数也寥寥无几。她又翻看其他企业的招聘启事，发现大同小异，没什么新意。她想，如何区别于其他团队，设计出极具吸引力的招聘信息呢？

很多管理者在设计招聘信息时，能想到的就是把岗位要求和待遇写清楚，他们认为这些是求职者最关心的问题。但这一点是所有招聘启事都包含的，因此不具有差异性。新生代员工也不会被千篇一律而又枯燥无味的招聘信息吸引。相反，语言有趣、福利好玩的信息能在第一时间吸引新生代求职者。

2016 年的百度校招中，一个主标题是“我在百度等你来”、副标题为“扒一扒你有多少校友在百度”的招聘信息发出后，引爆了校园情怀。在招聘页面，有一个提示：一起来算一算，在“度大”遇见同门师兄师姐的概率。下面有一个空白的小方框，你只要输入你的学校名称，上面就会显示你有多少个校友在百度，并会弹出这样的信息，如北京邮电大学有校友 800+，

人数排名第一——“北邮校友遍地是，度娘处处有，妈妈再也不用担心我空虚、寂寞、冷了。”当你浏览完一些基本的招聘岗位和薪资待遇信息后，结束页面的信息是：“我在百度等你来。遇见校友，重温学校时光，一起发光。”

百度校招的“校园情怀”主题能在第一时间吸引求职者并迅速推广，这与其幽默风趣的语言、把“校友”当福利的设计是分不开的。同样，管理者在设计面向新生代求职者的招聘启事时，也要注意语言有趣、福利好玩，才能“撩”到更多的求职者。

语言幽默风趣：会“撩”才能招到人才

多使用一些网络语言。如：明明可以靠颜值，你偏偏要靠才华；为了能够让你加入我们，我们已经使出了“洪荒之力”；先定一个小目标，让你先

如何做到语言有趣、福利好玩？

××健身会所

健身教练

为了能够让你加入我们，
我们已经使出了“洪荒之力

基本要求：现在自觉是“矮矬穷”，目标成为“高富帅”的。

三不招：视金钱如粪土的；开飞机坦克的；身在曹营心在汉的。

福利：不定期旅游，拥抱诗和远方；一言不合就发钱，各种红包拿到手软。

赚100万元等。将新生代员工广泛关注的网络用语放进招聘信息里，会产生良好的招聘效果。

灵活应用修辞手法。招聘时多使用修辞手法，如夸张、比喻、对比等，不仅能加强表达的语气和情感，还能增加幽默感。例如：“为了你能来，我已在佛前求了 500 年；你再不来，那我……再求个 500 年”等。

巧说反语。例如：“直说吧，我们要人你要钱，你准备要多少钱”“我们不和你谈理想，知道你的理想是不上班”“请你论证‘设计师需要什么文化’这个观点”等。

趣说招聘。例如：一则健身教练的招聘启事趣味无穷。基本要求：活的，手脚健全的，会上网、会说话的；现在自觉是矮矬穷，目标成为高富帅的。三不招：视金钱如粪土的；开飞机坦克的；身在曹营心在汉的。这

语言有趣、福利好玩的信息能在第一时间就吸引新生代求职者。

样一则招聘启事趣味满满地将招聘要求表达了出来，让求职者觉得加入这个团队是一个明智的选择。

反客为主。传统的招聘启事是管理者向求职者提出诸多方面的要求，但在游戏化招聘设计中，管理者可以机智地“反客为主”，例如：“你能来，就是我们的荣幸。哪还有什么要求，绝对没有”“有什么要求您尽管提，只要是钱能解决的问题，我们不说二话”。在招聘要求上，用这些反客为主的语言能迅速拉近与求职者的距离，让求职者有一种强烈的归属感。

福利好玩：做传说中的别人家的公司

诗和远方。新生代求职者追求诗和远方，如“不定期旅游，国内玩腻了就去国外，一起拥抱诗和远方”。

一言不合就发钱。节日红包，包括但不限于春节、中秋节、国庆节、情人节、劳动节、光棍节、圣诞节、元旦、妇女节等。

卡卡俱乐部。给员工准备各种卡，如健身卡、美容卡、超市卡等，让员工体验好玩新鲜的福利。

培训福利。为员工提供培训课程，培训课程完成出色的员工有奖金奖励。

吃喝玩乐嗨翻天。提供免费的、各式各样的咖啡点心，设专门的游戏房供员工放松，设有懒人沙发、帐篷供员工休息。

忠诚福利奖。根据员工的工龄和对团队做出的贡献进行奖励分配，授予特别奖金、年假等福利待遇。

招聘程序设计：在游戏中甄选人才

章小万在面试求职者的时候，一连问了几个问题："你觉得以你的能力能够胜任我们公司的这个职位吗？你的优点是什么？平时有什么爱好呢？"求职者当下就被问懵了，一时语塞。章小万也无法正确判断这位求职者的能力。

在传统的单向招聘过程中，管理者主要通过求职者的简历和一些简单的问题，如"你觉得自己的优点是什么""你觉得你的哪些能力符合公司的发展需求"等，以此甄选符合要求的人才。从这种模式甄选出来的人才，很多时候并不尽如人意。很多求职者在面试的过程中不太善于表达自己，也很难对自身形成一个客观、有效的评价。同样，面试官也很难仅通过一纸简历就能全面了解求职者，判断其是否适合团队的工作。

如何有效甄选人才？这就需要管理者重新设计招聘程序，让求职者通过有趣的方式轻松表达、展现自己，同时管理者也能通过游戏化招聘程序全方位认识人才、甄选人才。

2016 年，欧莱雅在其官方贴吧上发了一个帖子，帖子的主题：玩游戏

传统的面试问题难以甄选合适的人才

也能拿Offer? 这是一场电子竞技的游戏比赛，主要针对在校大学生。比赛奖励如下。

报名成功：欧莱雅专属职场技能盒（含十余种欧莱雅品牌的产品）。

分区冠军队员：欧莱雅产品大礼包。

总冠军队员：每人 200 元现金奖励。

应届毕业生：有机会免网申直接参加 2017 年欧莱雅 MT 的 Skype 面试。

非应届毕业生：有机会获得欧莱雅实习生内推资格。

很多人对此感到疑惑：欧莱雅是一家化妆品公司，为何需要电子竞技游戏人才? 其实这场竞技游戏考量的并不只是个人的能力，还有团队协作能力。所以，游戏化招聘程序的设计，比传统的招聘程序更能让管理者看到求职者身上是否具有团队需要的某种能力和特质，从而让招聘更加高效。

“账号注册”，初筛人才

很多游戏需要玩家先注册账号，才能进入。管理者在游戏化的招聘程

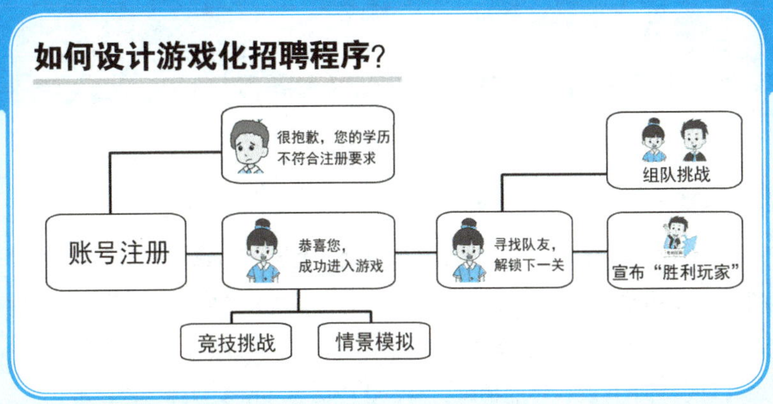

序中，也可以采取“账号注册”的方式初步筛选人才。管理者可以将招聘程序设计成网页，应聘者打开网页后，可以直接看到注册账号信息。

在这个环节，管理者可以把招聘岗位的基本要求设入“账号注册”程序中，如年龄要求 24 ~ 45 岁，学历本科及以上。如果应聘者的学历是大专，那么他在注册账号时，页面会自动弹出一条信息“很抱歉，您的学历不符合注册要求”。通过这个环节，系统会直接淘汰一些不符合基本要求的应聘者。

“恭喜您，成功进入游戏”，解锁下一关

当应聘者的账号注册成功后，系统会直接弹出一条消息“恭喜您！成功进入游戏”。成功进入“游戏”意味着真正的挑战开始了。在该环节中，管理者可以使用一些游戏化的工具，如与岗位能力相关的竞技类游戏、情景模拟类游戏，以测评应聘者的相关能力和知识水平。当应聘者挑战成功后，可以获得一张提示卡“恭喜您通过这一关，请按照信息提示，去 ×× 地寻找你的队友，解锁下一关”。

采用游戏化招聘程序，能看到求职者身上是否具有团队需要的某种能力和特质。

寻找队友，挑战“不可能”

上一个环节是对应聘者的相关能力进行测评，这个环节需要对应聘者的素质和团队协作能力进行综合测评。应聘者需要根据上个环节的信息提示找到自己的队友，这名队友也是在上一个环节中取胜的应聘者。然后管理者可以利用有挑战性的招聘工具，让应聘者和队友协作完成挑战任务。在这个环节中，管理者需要对应聘者进行综合测评，甄选出“胜利玩家”。

颁发勋章，宣布“胜利玩家”

在游戏环节中，如果玩家胜利了，界面会弹出一个提示消息“本局游戏取得胜利，总分值 ××”，并且会在每轮游戏结束后都给出相应的评分和排行榜，客观、公正地向玩家呈现游戏的最终结果。

同样，在游戏化招聘中，应聘者面试结束后，管理者需要将其在游戏中的表现，以数据和排行榜的形式呈现出来。对于“胜利玩家”，管理者要给他们颁发荣誉勋章，该勋章可以是团队的工作牌或者队服，一定要让应聘者感到他已经成为团队中的一员。

招聘工具设计：对应岗位和能力要求

几番招聘面试下来，章小万忍不住抱怨：“哎，招聘新生代员工真是人生一大难事。”小睿笑着说：“领导，一问一答的面试已经过时了，你那样只会吓跑应聘者的。”

招聘中的面试环节无论对求职者来说，还是对面试者来说，都是一场硬仗。然而，很多求职者、面试者在这场战役中失败了。

某外资公司根据发展需要招聘了一批新员工。其中，招聘的一名前台仅上了 3 天班就递交了辞职信。在信中，他自述了辞职的原因：工作内容和自己预期的完全不一样，事情太烦琐，而我并不是一个反应灵敏的人，所以工作起来常常手忙脚乱，无法胜任。事实上，当初 HR 对他面试时的表现很满意，认为他有耐心、仔细、内向且有想法，一定能胜任前台的工作。

为何 HR 的感知与求职者本人出现这么大的反差呢？根本原因在于传统的单向面试很难直观地看出一个人的性格和能力。在传统的招聘模式中，首先，因为紧张的气氛，很多求职者无法展现自己的真实能力；其次，因

为面试问题停留在表层，管理者很难清楚地知道求职者的能力是否符合该岗位的要求。

在游戏化招聘中，根据岗位需求设计一些有趣、好玩的工具，既能让求职者身心放松、发挥出应有的水平，又能使管理者不动声色地甄选出适合该岗位的人才。

面试工具：初步筛选合适的人才

压力面试法。人们在面对强大压力的时候，往往反应会更加激烈，能量也会被激发出来。因此，管理者可以采取压力面试法，以考查应聘者的潜能和临场应变能力。例如：在询问应聘者问题的时候，在旁边放一个时间进度条，就像玩家在游戏中的生命值或精力瓶，时间一到，应聘者立即停止回答问题。

如何设计游戏化招聘工具？

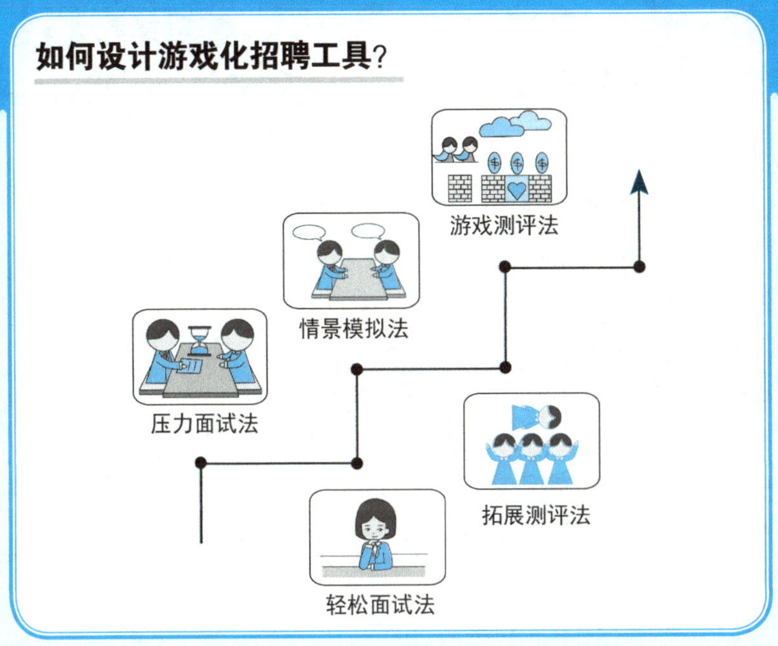

轻松面试法。很多时候，压力面试法会出现一个弊端：招聘者会因过于紧张而无法展示自己真实的能力。为此，管理者可以采取更为轻松的面试法，让应聘者发挥出更好的水平。例如，在正式开始面试前，问应聘者："敌人还有 5 秒就要到达战场，你做好面试准备了吗？"

情景模拟面试法。情景模拟是最能反映应聘者能力的招聘工具。例如：管理者给出一个团队之前遇到的某个问题，将其作为考核题目，然后把题目发给每个应聘者。这时候管理者需要离开，以免干扰应聘者。应聘者可以将自己定位成其中的某个角色，并成立无领导小组进行讨论，最后确定自己的答案。这个过程可以体现应聘者的自主能力、创新能力以及团队协作能力。

传统的单向面试很难直观地看出一个人的性格和能力。

测评工具：确定需要留下的人才

游戏测评法。很多时候可以通过玩游戏看出一个人的真实能力，如在《英雄联盟》游戏中，能够看出玩家与队友的协作能力。管理者可以在测评中设置游戏环节，例如：将应聘者分成两个小组，组织一场《英雄联盟》比赛，从中可以了解应聘者的协作能力和团队精神。

拓展活动测评法。这种测评面试是一种集体面试的方法，需要所有应聘者的参与。例如：将他们分成 2 ~ 3 个小组，组织他们做“背摔”或“过吊桥”等活动。这样既能看出应聘者的勇气，也可以看出应聘者是否会在组织中很好地与其他成员交流；如果出现不同的情况是否会控制好自己的情绪，聆听他人的意见，考虑团队的整体利益。

职业规划设计：游戏化员工成长体系 07

章小万设计了一套员工成长体系——员工每天的工作都会以经验值的形式呈现出来，当经验值达到规定的标准时就可以得到晋升。这种新鲜有趣的职业规划设计，让很多求职者跃跃欲试。

无论是传统的单向招聘模式还是游戏化招聘模式，都不可忽视职业规划的重要性。越来越多的新生代求职者的目光不再仅停留于眼前的薪资，而是“诗和远方”，即职业规划和未来的成长方向。

职业规划是指个人与组织相结合，对个人的职业生涯进行测定、分析与总结，对个人的兴趣、能力、爱好及特点进行综合分析与权衡，并结合时代的发展和特征，根据个人的职业倾向，确定适合自己的职业奋斗目标，并为实现这个目标做规划。

在游戏化招聘中，职业规划设计更多的是将职业规划的权力交到员工手上，提倡员工自主规划。所以，在游戏化成长体系中，员工的成长不再需要领导者时刻关注，领导者真正需要做的是激发员工自发地“打怪兽”，让他们成长和升级。

明确各个成长阶段的“角色”

每个员工最初都处在同一条起跑线上，关键在于后期晋升的“角色”。所以，管理者在设计职业规划时，必须明确企业需要的每种角色，并对角色进行细分。

“社团制”。团队角色分工就像大学的社团一样，初入职场的员工通过晋升慢慢向骨干、部长职位发展。为了促进员工的晋升和发展，管理者在细分时可以根据员工的兴趣爱好、优势特长进行划分，以便人才的价值能够有效发挥。

“宫廷制”。管理者可以根据“小主”“答应”“贵人”等划分角色的等级。这种细分使员工在工作时可以直呼对方的头衔，如“叶小主”“许贵人”等，让成长体系变得有趣。

设置合适的成长通道

技术通道。鼓励员工根据工作类别不断提高专业任职能力。例如：偏向技术通道的员工，不用晋升到管理职位就可以获得与管理者相当的回报，确保偏向技术通道晋升的员工能够继续从事技术研究工作，成为团队中的“专家”。

如何设计游戏化员工成长体系?

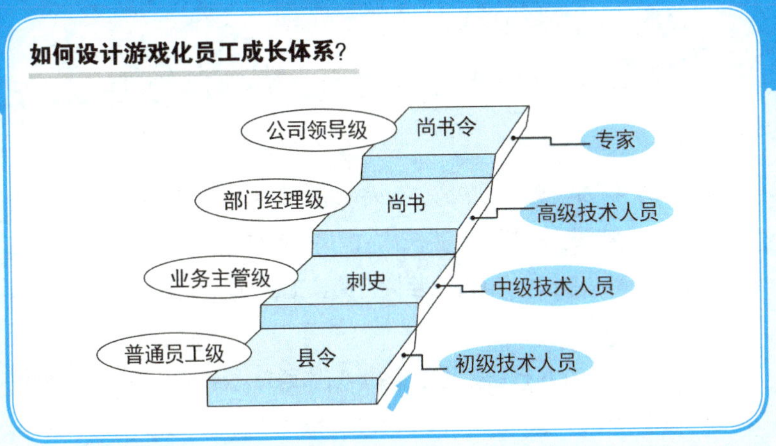

职务通道。根据团队性质和员工的发展要求，对员工设置职务晋升。例如：管理者先梳理职位，让员工明确自身所在职位的职责，并且知道自己下一步将要晋升什么职务。当员工每提升一个层级，管理者就进行资格鉴定，并给予相应级别的待遇，为员工提供统一的成长路径。

制定灵活有趣的成长规则

时间经验值。时间经验值依靠时间的推移而累积，增长速度缓慢。管理者可以针对时间经验值为员工设置专属身份。例如：时间经验值超过10年的员工称为“长老”；时间经验值在3～5年的员工称为“小生”。

项目经验值。项目经验值由员工的业绩决定，增长速度快而明显。例如：管理者可以针对每个项目设置经验分值，员工最终取得多少业绩就可以获得多少项目经验值。这样，一旦员工做出业绩，项目经验值就会得到大幅提升，加快成长的脚步。

额外经验值。与时间经验值和项目经验值不同的是，额外经验值只能用于相互赠送。当一些员工在晋升中面临阻碍时，额外的经验值就可以发在游戏化成长体系中，领导真正需要做的是激发员工自发地“打怪兽”，让他们成长和升级。

挥它的作用。例如：某个员工的工作表现很好，两个月就为公司创造了非常大的效益，但由于其刚来公司不久，时间经验值和项目经验值不够，很难达到晋升标准。这时，额外经验值多的员工就可以将经验值赠送给他，助他成功晋升。

复活经验值。在执行任务的过程中，玩家的每次操作并非都是有效的，极有可能因操作失误而失去所有的经验值，导致“生命”岌岌可危。这时，复活经验值就能派上用场。在团队管理中，管理者也可以参考这一复活原理。例如：当员工在晋升中惨遭淘汰时，管理者允许使用复活经验值使其再次参加竞选。不过需要注意的是，复活经验值仅限个人使用，并且仅限使用一次。

设定成长的终极目标

游戏化成长体系是一种“可预见的成功”，员工能够想象到自己最终会享受什么样的目标成果、福利待遇，且最终的目标成果是由自己决定的。这恰好满足了新生代员工的职业追求。为此，管理者需要在游戏化员工成长体系中设置最后一个环节——终极目标。当员工通过所有关卡时就可以进攻终极目标。终极目标主要是根据每个员工的目标和性格特征进行“量身设定”。例如：某员工想要购买一套高档住房，管理者就可以在最终的关卡处把某高档小区的一套精装房设为终极目标，并附上需要多少分值和等级，激发员工朝着目标奋斗。

第 4 章

绩效设计：让员工全力以赴地投入

对新生代员工来说，传统的绩效考核制度已经难以起到激励作用，甚至在某种程度上成为员工厌倦工作的原因之一。游戏化的绩效设计将工作变成打怪升级，让员工工作起来和玩游戏一样上瘾，全力以赴地投入。

01 绩效管理设计：把工作变成“打怪”升级

小旭晋升为组长后，开始自己带团队做项目。对于绩效管理，他有自己的想法。他总觉得传统的绩效管理模式太没有意思了，如果绩效考核能够像游戏中的“打怪”升级那样就好了。

游戏是一种乐趣。游戏中的“打怪”升级，从本质来说是一项枯燥的体验。但是，为什么玩家会深陷其中呢？从游戏本身看，一个接一个的任务让玩家在玩游戏的过程中有明确的目标，同时循序渐进式的任务难度也给玩家带来了挑战的欲望，而且在玩游戏的过程中玩家会获得反馈和奖励，这些都给玩家的“打怪”升级带来了乐趣。在团队管理中，绩效管理设计好比开发一款游戏，员工就是你的玩家。游戏是否具有吸引力？“打怪”升级后的“奖励”是不是玩家所期待的？能否激起玩家挑战的冲动？

简·麦戈尼格尔（Jane McGonigal）在《游戏改变世界》一书中提到：有明确的目标、清晰的规划、准确的反馈和意外的惊喜，这是玩家痴迷于游戏的 4 个关键因素。因此，管理者要想让员工在工作中实现突破，获得高绩效，将工作变为“打怪”升级游戏，就要积极地抓住这 4 个方面

进行设计。

设定目标，建立方向感

目标是引起行为的最直接动机。设置合适的目标会使人产生想达到该目标的欲望，因而对人具有强烈的激励作用。玩家在游戏中为了实现挑战 Boss 这个目标而不断“打怪”升级，员工也会因为想要达到明确、合理的绩效目标而努力工作。

明确大方向。大方向一般是指团队的经营目标，包括销量目标、行业地位目标、品牌建设目标以及盈利目标等。团队管理者需要将这些目标一一明确，让员工知道团队努力的方向。

明确时间。以时间为单位将目标进行划分，设定年度目标、季度目标、

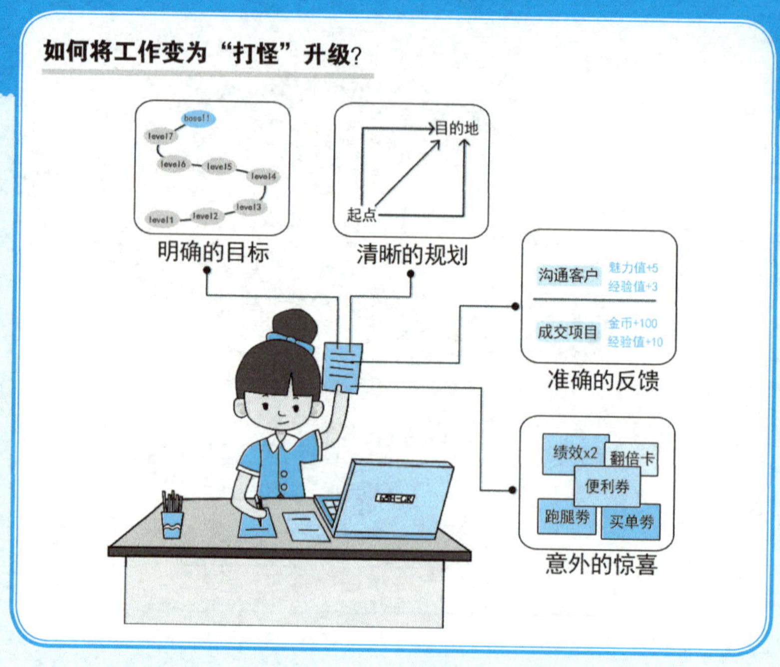

月度目标等，进而再将阶段性的目标具体到每个员工身上，让员工明确知道自己需要做什么、事情要做到什么程度、何时做完等。

规划清晰，衡量目标价值

玩家看似在游戏中漫无目的地“打怪”升级，其实每个人心里都有清晰的规划。为了消灭敌人，他们会思考如何执行任务既保险又能保证经验收获最大。但是在实际工作中，很多员工是没有清晰的规划的，因此绩效成绩不出色。所以，在明确目标后，管理者要引导员工做出清晰的规划，让员工花更多的时间在主要目标任务上，积极思考如何规划才能使绩效最大化。

有明确的目标、清晰的规划、准确的反馈和意外的惊喜，这是玩家痴迷于游戏的 4 个关键因素。

准确反馈，解锁“新技能”

员工在工作中的表现、能力的侧重点是不同的。为了全面提升员工的绩效能力，管理者可以将工作技能划分为创造力、毅力、沟通力、执行力等。然后依据员工在工作中施展出来的技能表现进行跟踪，每解锁一项技能就做“+1”处理，并及时统计和反馈。需要注意的是，反馈时一定要附上充分且明确的“+1”理由。

意外惊喜，激发内驱力

便利券。当员工出色地完成绩效目标后，除了奖金之外，管理者也要设计一些游戏化的奖励方式。当员工完成某项特殊任务时，可以从管理者那里获得一些有趣且实惠的“便利券”。例如：“跑腿券”“买单券”“帮你拍照券”“帮你打扫卫生券”“帮你出份子钱券”等。这些有趣的奖励不仅能为员工带来意外的惊喜，还能在管理者和员工之间建立一种平等的关系。

大冒险。当员工完成超级难度的“打怪”后得到升级，该员工的当月绩效可以翻倍。这样的挑战不仅能有效激发员工的冒险精神，还能增强员工在工作中的乐趣。

02 绩效目标设计：抓住关键性指标

章小万与小旭像设计游戏那样设计他们小组的绩效考核体系。小旭知道，玩家痴迷于游戏的4个关键因素中，第一个就是“有明确的目标”。于是，他为团队设定了一个“大Boss”——5月完成业绩60万元。为了打败这个“大Boss”，团队成员摩拳擦掌。有的集中“攻击”10万元以上的大客户，有的集中“攻击”忠诚度较高的老客户，还有的集中开发新客户。半个月后，小旭发现只完成了10多万元的业绩。询问缘由，有的说大客户太难攻了，耗费了大量精力却仍然不见效果；还有的说老客户的成交量基本饱和，精力都消耗在和他们叙旧上了……

一家企业会有各种不同的指标。这些指标与企业的战略目标密切相关，并且能够直接推动战略目标的实现。而关键绩效指标（KPI）是用来衡量企业实施战略的重要指标，它能够帮助管理者实现高绩效管理，也能够使

员工明确绩效目标的核心。小旭虽然设定了明确的绩效目标，但没有抓住关键绩效指标，导致员工把太多的精力投入到对目标影响较低的指标中，如维护老客户。这种绩效目标的设计就是无效的。

很多游戏正是充分利用 KPI 的原理，让游戏变成了一种做任务、求绩效的模式。以打工类游戏为例，在游戏中，玩家每天完成多少任务就会得到多少回报；有时系统还会分配一些强制性的任务，要求玩家必须完成。这些“强制性的任务”往往是玩家升级必备的指标。如果玩家没有完成这些任务，就会随时面临淘汰。同样，团队在发展过程中，关键性指标往往是绩效管理的核心目标，如果一味强调绩效却没有抓住关键指标，不仅员工个人得不到成长，团队自身也将陷入危险的境地。

美国作家戴维 · 帕门特（David Parmenter）在其著作《关键绩效指标》

中指出，关键绩效指标具有以下7个特征。

非财务评价指标。不以任何货币单位进行计算的指标。

及时性。可按照每周 1 次、每天 1 次或每天 24 小时的频率进行评价的指标。

老板重点关注。公司领导和团队领导时刻跟踪与关注的指标。

简单易懂。可以明确告诉员工应该采取什么行动的指标。

责任明确。与具体的某个团队或某个员工挂钩，能够有效对其工作进行评价的指标。

产生重大影响。会影响一个或多个核心成功因素的指标。

有限的阴暗面。导致发生失效行为的可能性较小的指标。

成功关键分析法：对团队成功的关键要点进行监控

玩家在玩游戏的过程中，总会不断寻找成功要点，帮助自己快速加分

关键性指标往往是绩效管理的核心目标。

或通关。而这些成功要点可以通过观看优秀玩家的游戏操作或借助游戏教程来获取，进而帮助玩家掌握“核心秘籍”。在团队管理中，管理者也可以通过寻找团队成功的关键要点，快速抓住关键绩效指标。

第一步，分析团队成功的原因。即为什么成功？成功的要素包含哪些？是因为资金优势还是市场优势？找到这些要点的答案之后，要对这些关键要点进行重点监控、重点分析。

第二步，分析团队的成功要素。哪些要素能够使团队继续保持优势？哪些要素将会限制团队的发展？

第三步，确定未来成功的关键要素。根据行业发展趋势以及团队的战略规划，进一步确定团队未来的目标和成功的关键要素。

外部导向法：以最佳团队的关键行为为导向

游戏中，玩家会选择游戏排行榜中的最佳玩家作为基准，引导和激发己身朝着这个标准迅速提升。在团队管理中，管理者也可以选择同行业中的最佳团队作为基准，引导团队提升绩效。例如：将最佳团队的客户满意度、劳动生产率、资金周转速度等作为自身团队的基准数据。在确定最佳绩效指标之后，以最佳业绩标准为牵引，带领员工共同努力，缩小与最佳团队的差距。

03 绩效流程设计：明确分工和进度

因为定的绩效目标没有完成，小旭在会上批评了每个人。会后，有成员找到小旭，抱怨道："领导，我每天都不知道要干什么、该干什么，也不知道其他人的进度，还谈什么提高绩效啊！"

玩家在游戏过程中因为明确了分工和进度，往往能在可控的范围内获得游戏的胜利。例如：《英雄联盟》这款游戏设置了 113 位英雄，每位英雄都有不同的技能和位置，即明确分工；在游戏过程中，玩家会明确知道自己离目标有多远，以便调整自己的作战计划。

但在团队管理中，大多数管理者没有明确分工的意识，他们往往只关注目标结果的实现，对实现目标的过程并没有明确的规定，而这对新生代员工来说既加重了他们实现目标的迷茫感，又无法充分激发他们的潜能，结果是绩效成绩很不理想，更谈不上提升整个团队的绩效水平了。

角色定位，各司其职

玩家在游戏中都会有一个角色，该角色会背负一定的任务和价值。例

没有明确的分工和进度管理。会加重员工实现目标的迷茫感

如：在《植物大战僵尸》这款游戏中，按照足球赛场的角色定位进行类比，豌豆射手的角色相当于足球场上的中锋，是最靠近僵尸的位置，射击僵尸是他们最重要的职责；坚果的角色相当于足球赛场上的二前锋，一旦坚果被铲除，就会有保护植物的动作；太阳的作用是能量补给，相当于后勤的角色，是其他植物的力量来源。各角色间相互配合，共同协作，最终获得游戏的胜利。

在管理中，合理的角色分工能够让员工明确知道自己的位置和任务，让团队呈现和谐高效的状态，包括员工个人绩效、团队绩效都会达到高标准。

明确分工，集中发力

在《魔兽世界》这款游戏中，玩家组团应战，队伍里有输出手、肉盾以及奶妈。肉盾的工作就是帮助输出手和奶妈抵挡伤害，输出手的任务是击杀敌人，而奶妈的任务是为输出手和肉盾加血加 BUFF，抽空再给敌人上个 DEBUFF。如果分工不明确，只说要组队打 Boss，那么结果就是大家一哄而上跑去打 Boss，最终任务失败。在团队管理中，员工作为绩效

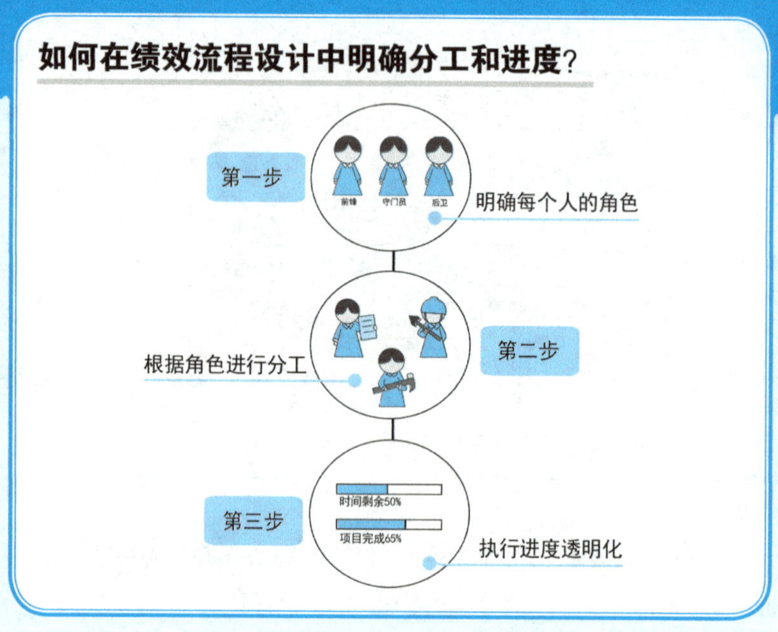

计划的执行者，在明确各自的角色后，还要根据角色的特点各司其职。

跟踪进度，公开调整

在《消消乐》游戏中，玩家通过查看进度能明确知道自己当前的进度、剩余任务量以及离最终目标还有多远等，这样让玩家更有把握达到最终目标。可以说，进度表在一定程度上代表着“可预见的成功”。因此，员工在执行任务的过程中，要做到进度透明化，管理者需要关注员工的“作战”状态，即当前处于任务的哪个环节。员工也要关注彼此的进度情况，了解自己的绩效目标的最终完成会对团队目标产生怎样的影响，进而实现互助和协调。

绩效考核设计：积分制考核体系

在设计绩效考核体系时，小旭参考游戏模式设计了积分制，员工可以一边上班一边挣积分，让员工在工作中能够体验到在游戏中的感觉。同时，小旭针对积分设置了福利系统。积分高的员工将会获得以下福利：一次出国旅游的机会、高奖金、意外福利等，从而全方位调动了员工的积极性。

很多团队存在这种现象：员工无法接受传统的绩效考核方式，即便绩效考核与薪资挂钩，也很难调动他们的积极性。为此，管理者必须改变传统的绩效考核方式，积极适应新生代员工的需求，设计出有趣的绩效考核体系。

小旭的积分制考核体系不仅充分满足了员工想要的趣味性，也有效激励了员工的积极性。积分考核体系就是一种游戏化的绩效考核工具。在游戏中，系统通过设计“积分”悬赏和考核玩家，玩家则根据游戏规则获取对应的积分，然后利用积分兑换相应的道具奖励和等级奖励。在团队管理中，管理者可以利用这个游戏原理，在团队绩效考核中设计“积分制”，

以积分的形式对员工进行考核和奖励。

积分获得规则的设计

积分制考核体系是根据员工的表现加上相对应的积分，然后对积分进行排名和奖励；当积分累积到一定程度时，还可以获得额外奖励。既然是积分考核制体系，员工最关心的问题自然是如何才能获得积分。通常情况下，员工可以通过以下两种方式获得积分。

固定积分。固定积分也称为“死积分”，没有流动积分那样灵活。固定积分一旦设定后就不能更改，除非进行整体性的大改。一般来说，固定积分的高低是根据员工的职位和工作表现而定的。例如：管理者每个月获得 50 积分，而员工每个月获得 20 积分，岗位提升的时候，提升一级将会增加 10 积分。同时积分还会视全勤而定，根据出勤天数适当增减。例如：

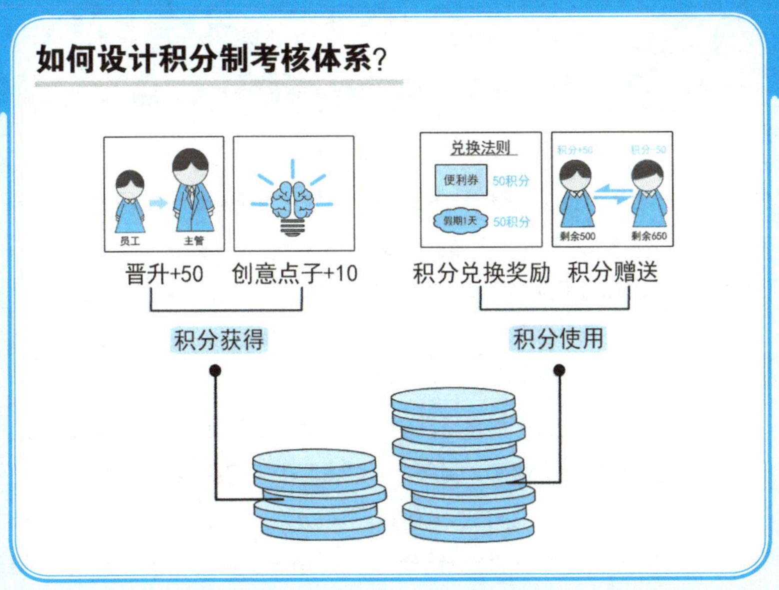

一个月没有出现迟到或旷工的员工可以获得30积分，迟到一次只能获得29积分，旷工一次只能获得15积分，以此类推。

流动积分。流动积分主要是指员工在工作中因突出表现而获得的积分。例如：按计划员工需要 5 天完成任务，但实际上员工只用了 3 天，这时员工就可以获得 10 积分的额外奖励。除此之外，流动积分的获得方式还有很多种，管理者可以制定多种获得方式。例如：开会积极发言、穿着整洁、桌面整洁等。相应地，如果员工违反了流动积分的规则，也会被扣分。例如：桌面不整洁扣 2 分、上班没穿制服扣 1 分等。

积分使用规则设计

获得积分只是“游戏”的开始，如何使用积分才是积分制考核体系的积分考核体系是指在团队绩效考核中设计“积分制”，以积分的形式对员工进行考核和奖励。

核心。管理者在让员工获得积分的同时，也要让员工愉快地使用这些积分。

利用积分换取奖励。例如：员工可以用 50 积分换取提前 1 小时下班的福利，用 500 积分换取 1 天带薪休假的福利。这种奖励方式，员工即便不使用积分换取奖励，也会全力以赴地获得更多的积分，以备不时之需。

互相赠送积分。为了加强团队内部的联系，促进团队的相互协作，成员的积分可以用来相互赠予。例如：带薪休假 1 天需要 500 积分，员工小王只有 450 个积分，如果小张赠送他 50 个积分，小王就可以带薪休假一天。以后在小张需要时，小王也会给予帮助。这样既解决了实际问题，也密切了员工之间的关系。

绩效规则设计：公平且透明

小旭听到一名员工说：“这次绩效考核的第一名我感觉有问题，不会是内定的吧？为什么我们组长做出了 20 万元的业绩，结果却输给了一个刚来不到一个月的新员工？她有那么厉害吗？”另一名员工很气愤地说：“厉不厉害还不是领导说了算。”

绩效考核是一种有效的绩效管理方式，但是员工看到的是“束缚”。大多数新生代员工认为绩效管理是一件很“可怕”的事情，因为一旦自己无法达到绩效目标，就会受到惩罚；甚至还会认为绩效考核只是为了奖励某些人而专门设定的。所以，新生代员工常常“无视”绩效考核。导致这个问题的关键原因是绩效规则不公平且不透明。

在《俄罗斯方块》这款游戏中，玩家在玩游戏之前，游戏界面弹出一个提示信息：游戏中会随机出现不同形状的方块，游戏的难度会随着玩家分数的上升而逐渐提高；在玩的过程中会随机出现不同形状的方块，难度也是随着玩家分数的上升而逐渐提高。试想一下，如果玩家在进入游戏之前没有得到这种提示，当游戏过程中难度突然增加，而且总是出现自己不想

绩效规则不透明会导致员工产生强烈的不公平感

要的方块，那这时候玩家就会感觉游戏的玩法很不公平。

游戏规则一旦出现不透明、不公平的现象，玩家很可能会因此放弃这款游戏。在团队的绩效管理中也是如此，绩效规则一旦不透明，就会让员工对工作失去信心，认为绩效是领导说了算，与个人能力无关，从而感到不满。

共同协商设计绩效指标

如果绩效指标全由领导说了算，可能会在公平性方面出现偏差。为此，绩效规则设计这个环节，要让员工参与进来，共同协商设计绩效指标。一般可以采取以下步骤进行绩效指标的设计。

列出大纲规划。在制定绩效目标前，管理者可以根据团队成员的具体情况、团队的战略目标等列出大纲规划。

收集员工的意见。管理者可以将大纲规划的内容发给团队中的每位成员，并要求员工以匿名邮件的方式发表意见，以收集团队中每位员工的意见。

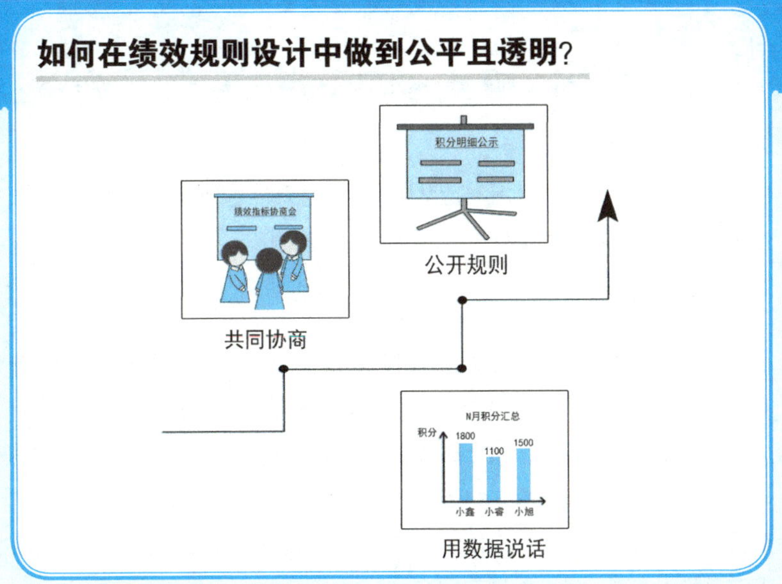

成立讨论组统一考核指标。整理员工反馈的意见，然后将团队成员按照 3 ~ 4 人一组，分成若干小组，就收集的意见进行讨论，最后确定一致的意见，统一考核指标。

公开“游戏”规则

确定好绩效考核指标后，就需要公开“游戏”规则，即如何实现绩效指标，达到绩效指标有何奖励，没有完成会受到什么样的惩罚。这就像玩游戏一样，在开始游戏之前会有一个提示信息，让玩家清楚地知道游戏规则。

“开诚布公”的绩效考核规则。在确定绩效考核标准以及相关的奖惩制度后，管理者应第一时间将这些规则公布出来，避免形式主义。

让员工随时“看见”规则。规则可以打印出来张贴在办公区域的公告游戏规则一旦出现不透明不公平的现象，玩家很可能会因此放弃这款游戏。

栏上，或者以邮件的形式发给团队中的每位成员。这样既能让员工时刻谨记规则，以规范自己的工作行为，也让规则透明化。

用数据说话

章小万的同事之所以抱怨绩效考核制度不公平，是因为领导“无凭无据”就给新来的员工发了奖励。因此，管理者需要做的是将员工的业绩数据化，以示公平。例如：销售部的王某在月初顺利签下了一笔 5 万元的订单，管理者需要立刻记录、公示数据，并标注其获得奖励的具体额度。一般情况下，只需要公示业绩比较突出的，这样既能激励优秀的员工，又能鞭策那些业绩不是很好的员工。

绩效反馈设计：定量化的实时数据

周一上午，小旭刚到办公室，就有员工找到他说：“组长，我周五收到你给我的反馈，只说了我上周的绩效不理想，但究竟差距有多大、差距在哪里，接下来我该怎么做，这些我并不清楚。”

很多管理者把绩效考评看成绩效管理的核心，而忽略了绩效反馈环节。其实绩效管理是一个完整的系统，少了任何一个环节都会让管理工作无法顺利进行，尤其是在绩效反馈环节，如果绩效反馈不明确，会给员工的工作造成更多的困扰。例如：小旭在对员工进行绩效反馈的时候，只是简单地告诉对方绩效不理想，并没有让对方知道其哪方面存在欠缺及欠缺多少，需要如何做才能达成目标等。

对新生代员工来说，他们更需要的是定量化的及时反馈，能让他们一目了然地看清自己当前工作中存在的问题和优点。就像玩家沉迷于游戏，其中很关键的一个原因是游戏环节中的每个关卡都会给他们一个精准的定量数据反馈。

缺少定量数据的绩效反馈是无效的

游戏《王者荣耀》会在游戏结束后给玩家一系列数据反馈，如上一局击杀多少敌人。玩家可以通过分析数据，找到自己胜利或失败的原因，以便在下一局中发挥更好的水平。同样，管理者在绩效反馈设计中也应将数据定量化，并且实时反馈给员工，让员工能及时知道问题以及如何解决问题，从而创造更高的绩效。

追踪与记录数据

游戏中，无论玩家进行到哪个环节，系统始终会跟踪玩家，记录整个过程中产生的数据。管理者要做到用数据实时反馈，跟踪每位员工的工作进度，记录数据。记录数据可以采取有效记分的方式，如员工在某天按时完成任务 +3，或者员工当天犯了错误 -1。记录的数据可以实时通过在线协同办公系统反馈给员工本人。

统计并分析数据

统计每位员工的数据，制定表格，存入个人档案中。制定表格是为了方

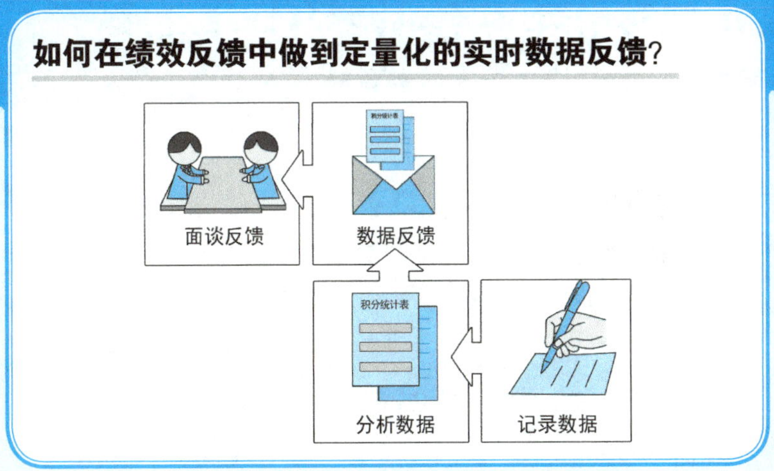

便统计数据，也方便管理者能清楚地分析数据，从而了解每位员工的优势和不足之处，以便给员工提供有针对性的帮助。如某名员工的分数为-50，排在本周最后一名。那么管理者就需要关注这50分是如何扣掉的，存在哪些问题，并在备注栏中详细列举出来。

将数据表格发给员工

这里需要注意的是，数据一定要全面、具体，既能反映员工自身的情况，又要科学地帮助员工分析问题所在。员工通过表格知道自己未来需要做什么，还需要在哪方面下功夫，进而实现自己的目标。

与员工面谈

就数据反馈的信息与员工进行面谈。首先让员工发表意见，然后管理者根据员工的意见和员工一起讨论，引导员工找出存在的问题，并帮助员工找到解决问题的办法。

绩效奖惩设计：及时且明确

周五下班前，章小万听到小鑫抱怨说："上个月的奖金还没有发，领导那里是出问题了还是忘了？"小睿接着说："你还真把这当回事了，哪个领导对这件事不会装糊涂？别想了，好好上你的班吧。"

绩效奖惩是绩效管理的最后一个环节，也是最关键的一个环节。很多游戏之所以吸引玩家，正是因为奖惩及时且明确。

例如：一款叫《恐龙岛》的游戏，它需要在规定的时间内消灭敌人。如果消灭不掉敌人，你的生命值就会不断降低，甚至有性命之忧；如果你消灭掉敌人，生命值就会立即提升上去，并且游戏在进行过程中，也会因为你消灭敌人而提升你的能力。这种及时、明确的奖惩，能够让玩家掌握自己的问题和优势，激励玩家不断地完成任务。

但是，很多团队的管理者并没有意识到绩效奖惩设计的重要性。他们把更多的精力放在绩效目标、流程、考核、规则以及反馈上，却忽视了绩效奖惩设计。对新生代员工而言，他们是能力强的一代，但也是容易冲动、犯错误的一代。所以，他们需要一套奖惩及时且明确的绩效设计，以鼓励

不能及时明确兑现的奖励难以起到激励作用

他们的正确行为、纠正他们的错误行为，让他们及时规避问题，发挥优势，为团队创造更高的绩效。

明确制度，让奖惩“有法可依”

无论是对员工进行奖赏还是处罚，都必须让员工明确奖惩制度，这样才能让员工心理平衡。就像玩家在游戏中领到奖励时，游戏中会附上说明奖励的原因，玩家受到处罚也会收到相应的说明。同样，绩效奖惩也需要明确以下几点。

明确奖惩的原因。奖惩的原因，即明确奖惩的关键因素。例如：员工在该项目中贡献突出，提出了好点子而受到奖励，或员工没有如期完成绩效目标而受到处罚。这些奖惩都是指向员工的具体行为的，让员工明确原因。另外，奖惩信息要公开，以免引起其他员工不必要的误会，导致团队

在绩效奖惩设计中，如何做到及时且明确？

绩效奖励要“有法可依”，及时兑现

的关系不和谐。

明确奖惩依据。明确奖惩依据，即按照一定的标准对员工进行奖惩，而不是管理者随心所欲地进行奖惩。这就需要在绩效奖惩设计中制定明确的奖惩依据，如每个月完成 20 万元绩效是优秀员工，能够获得 1000 万元的奖励。

明确奖惩内容。奖惩不是领导的一句口头表扬，而是要有具体的内容。例如：如期甚至提前完成该项目，奖励 1 天带薪休假；如果没有完成，惩罚打扫一周办公室的卫生等。

明确奖惩形式。奖惩要有具体的形式，如颁发奖金或带薪休假等。

及时实施奖惩，给员工一颗“定心丸”

无论是奖励还是惩罚，一旦过了时机，效果就会大打折扣。尤其对新

奖惩及时且明确的绩效设计，可以有效鼓励员工的正确行为，纠正他们的错误行为。

生代员工来说，只有及时的奖惩才能激发他们对工作的热情。那么，如何做到及时奖惩呢?

及时记录信息。管理者日理万机，很容易忘记自己承诺过的事情。因此，一旦有需要奖励或惩罚时，管理者可以将具体信息记录到手机备忘录或者办公软件的每日待办事项中，并设置闹铃提醒。

设立及时奖励和奖励兑现活动，立即给予奖励。游戏中，玩家获得胜利后立刻会得到奖励。当然，立即奖励在实际工作中并不好实现，但是管理者也需要在最短的时间内给出奖励。例如：管理者可以设立一个专门的及时奖励和奖励兑现活动，就像游戏中获得积分可以在商城中兑换商品一样，员工只要获得奖励，随时可以在奖励兑换区兑换自己喜欢的奖品，如可以兑换饮料或者日用品。

第5章

培训设计：让员工自觉地提升战斗力

游戏化培训模式寓教于乐，让员工在愉快、轻松的氛围中学习，提升自我学习能力。

01 游戏化培训 VS 培训游戏

章小万计划就公司新产品的相关知识对部门成员做一次培训。为了提高培训的趣味性，她找了很多游戏进行测验。整个培训过程进行得很顺利，员工在游戏中也玩得很开心。但培训结束后，章小万发现大家好像光顾着玩游戏了，压根没有思考培训的内容。

在实际的培训工作中，很多管理者很容易将游戏化培训和培训游戏画上等号。事实上，这两者存在很大的差别。游戏化培训注重的是游戏化的思维，是以一种全新的、有趣的形式，让员工快乐地学习培训知识。而培训游戏的核心是游戏，只能作为游戏化培训中的一个环节，主要是为了活跃气氛，调动大家的积极性，也能借此传递培训知识。

正因为管理者对游戏化培训和培训游戏的认识存在误区，所以使得游戏化培训并没有发挥应有的作用。因此，在培训设计环节，要想让员工自觉提升学习能力，管理者首先要清楚地知道游戏化培训和培训游戏的区别。

培训游戏的核心是游戏，只能作为游戏化培训中的一个环节

游戏化培训的核心是游戏化思维模式

游戏化培训不是一味地把游戏化工具、元素堆砌在培训中，而是借鉴和利用游戏化思维，将培训在一种游戏式的氛围中开展起来。目的是让员工快乐培训，能够自主陷入游戏化培训的情境中，主动吸收培训知识。因此，游戏化思维模式的主要特点如下。

没有过多的理论知识。培训的目的是让员工学习“理论 + 实践”知识，过于理论化只会让员工产生倦意，培训显然不能达到预期的效果。因此，游戏化的思维模式是摒弃了传统的“灌溉理论”式的培训方式，更关注员工的情绪和感受，并利用有趣的方式，让员工能够主动参与培训工作，并主动学习、探索培训知识。

能够最大限度地发挥员工的学习能力。在游戏化培训中，管理者会根据参与培训员工的状态，集中一个时间进行培训，同时设定培训奖励。例如：在培训活动中表现优秀的员工获得奖金，最大限度地发挥员工的学习能力。

满足员工的情感需求。新生代员工是情感需求强烈的一代人，而游戏化培训可以通过设计具体的故事背景，让员工产生共鸣并迅速地进入培训场景，满足员工的情感需求。例如：在技能游戏化培训设计中，设置“特务行动”，员工只有学会此项技能才能获得“解救”。

增加成员之间的互动。传统的培训模式是培训导师讲解知识，员工被动接受知识，员工与员工之间基本没有互动。在这种缺乏互动的模式下，员工往往不够专心，甚至思想开了小差。而游戏化的思维模式强调的是互动。例如：在线游戏有聊天模式，你可以随时与你的队友互动，分析战术。这种互动环节极大地增加了乐趣，让玩家更乐于获取信息和知识，完成任务。

激发动机。在传统的培训模式中，员工往往处于被动状态。导致这一问题的原因通常是培训没有激发员工的积极性。而游戏化培训能够主动激发员

游戏化培训注重的是游戏化思维，是以一种全新的、有趣的形式，让员工快乐学习。

工的兴趣，让员工主动获取、接受知识。例如：在游戏中，玩家为了能位居榜首，会不断挑战任务，突破重重关卡。

培训游戏的本质是游戏化培训的工具

培训游戏是游戏化培训的一个辅助工具。例如：当需要测试员工某方面的能力时，它能起到很好的作用。但是，一款游戏并不能反映员工所有的能力，因此在游戏化培训模式中，培训游戏的特点表现在以下几个方面。

体现培训主题。培训游戏可以通过其特质，体现培训主题。因此，在选择培训游戏时，首先要明确培训的内容和目的，然后再确认与之相关的游戏。如新员工入职培训，主要是为了让大家相互熟悉，那么可以采取“破冰”游戏。

调动气氛。传统的培训气氛比较沉闷，导致员工出现“一培训就犯困”的现象。为了规避这种现象，可以利用培训游戏。既能活跃气氛、激发大家的热情，又能传递知识、提高培训效率。

02 游戏化学习的力量

章小万一进办公室，就看见员工凑在一起讨论着什么。原来，小睿拔得了游戏头筹，跃升为排行榜第一。章小万觉得奇怪，明明一个月之前小睿还是一个玩游戏的“菜鸟”，怎么一下就变了呢？小睿轻轻一笑：“领导，我‘傻’没关系，但是我愿意学啊！”

在现实生活中，不少人喜欢将“游戏”和“学习”对立起来。在他们看来，玩游戏绝对会影响学习。对很多管理者来说，他们也持同样的观点，认为员工沉迷游戏是一种不务正业的表现，却没能发现游戏背后吸引玩家努力的“魔力”。

未来学家简·麦格尼格尔验证，玩家需要的其实并非游戏本身，而是沉浸在游戏设计者所营造的虚拟世界，进而在这个世界中不断寻找自己、挑战自己、改变自己，获得更多的能量。归根结底，游戏带给玩家的是一种强大的学习能力。因此，要想激发员工自主学习的能力，在管理中就要摒弃之前传统的思维，将游戏化思维运用到培训中。

激发员工强烈的学习欲望

在游戏化学习中，员工由灌溉式被动接受的学习，向主动参与、自主构建知识系统转变，进而激发出强烈的学习欲望。例如：在游戏化培训中，管理者为锻炼员工的创造力而设计了一个培训游戏环节，需要培训人员参与进来进行互动。这种模式对员工来说，显然比阅读投影仪上的一串串文字更有吸引力，而且这种直接参与带来的体验感是文字或语言给予不了的，能更进一步激发员工的学习欲望。

提高课程完成率

游戏化学习是由传统的讲解、演示式传授知识的方式向趣味情境、感官体验的方式转变的一个过程。在这个过程中，员工能积极地完成课程要求，实现超高的课程完成率。例如：欧洲的一位游戏化学习课程的开发者

游戏化学习的力量表现在哪几个方面？

激发学习欲望

提高课程完成率

有针对性的增强技能

积极情感体验

训练了3万多名员工，在他的培训分析报告中，超过90%的游戏化学习者能够高效地完成所有的课程。这种学习方式比“一板一眼”的授课方式更能激发员工的兴趣和学习欲望，进而提高了课程的完成率。

有针对性地增强技能

游戏化的学习可以给希望提高自己某方面的技能、有学习需求的员工提供一个安全的、真实的现实实践场景。在游戏化培训模式下，员工可以长时间不断学习、反复练习增强技能。例如：游戏化学习可以创设一个情境，让员工在游戏中闯关、PK。在游戏化学习的过程中，员工遇到的问题可以及时得到反馈，以便员工能更好地提升自己这方面的技能；另外，游戏中还可以设置解锁任务，该任务需要员工具备相应的实际操作能力。这

游戏化学习是由传统的讲解、演示式传授知识的方式向趣味情境、感官体验的方式转变的一个过程。

样，员工在游戏化学习的过程中，能够及时地更新并获得自己所需要的技能，帮助员工意识到自身的不足，并及时弥补。

创造美好的未来

传统的培训方式在枯燥烦闷的环境中开展，并不能带给员工积极的情感体验，员工也不能直观地看到培训带给他们的改变。游戏化学习能寄托员工的希望，它存在的本身就是一种力量，让员工实现自我提升、自我创造、自我超越，能够时刻感知美好的未来。

03 根据培训目标提炼关键任务点

培训结束后，大家懒洋洋地走出会议室。章小万问小鑫："今天的培训内容你做笔记了吗？"小鑫挠挠头："前面记了几点，到后面我都快睡着了。"章小万说："为什么不认真记笔记呢？"小鑫回答道："我倒是想记啊，可是整场培训下来，我并不知道哪里是关键点，根本无从'记'起啊。"

新生代员工讨厌传统培训的原因有很多，如说教、复读机、形式主义等枯燥无味的形式。导致这些问题发生的根本原因，在于培训目标不明确，员工不知道哪些是关键任务点，于是整个培训显得"平淡无奇"，让人瞌睡连天。正如章小万团队那样，员工参加培训并没有抓住重点、抓住核心，培训只是走了个过场而已。

在团队管理者眼中，培训本来就是一件严肃的事情，无聊、枯燥难以避免。然而，绝大多数管理者没有意识到，培训中堆砌在一起的大量知识，员工一时间是否能全部吸收、这种授予知识的方式员工是否感兴趣等。

新生代员工是追求乐趣的一代人。他们沉迷于游戏，往往是因为游戏中设置的关键任务点能够不断吸引他们沉浸其中，引导他们完成一个又一个任务，直到最后取得游戏的胜利。也就是说，游戏中的关键任务点，是激起玩家胜负欲的关键，也是吸引他们继续玩下去的关键。因此，在游戏化培训中，管理者需要把培训目标游戏化，提炼出关键任务点，从而激发员工的热情和兴趣。

确定培训目标

管理者要根据团队成员的整体情况和团队发展的需要，确定培训目标。确定目标不是管理者一个人说了算，而是需要组织团队成员召开讨论会，对培训目标进行讨论，最终根据讨论结果统一目标。例如：团队进行新员工培训，培训目标是让员工熟悉公司的业务流程，了解公司的整体发展情况。

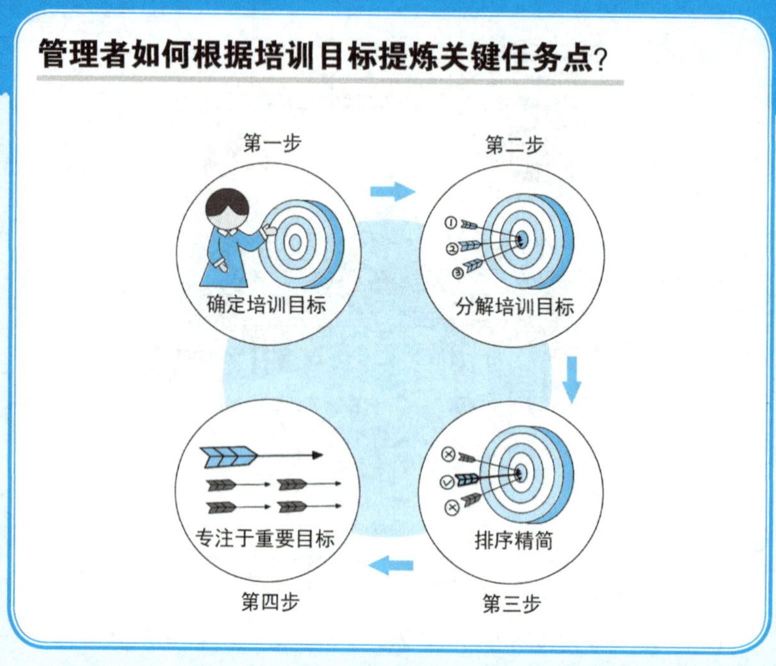

分解培训目标

分解目标是对总目标进行细分，以便层层落实。例如：新员工培训的整体目标是了解公司的整体情况，接下来可以将培训目标分解：第一步，介绍公司及其文化背景；第二步，介绍相关规章制度及其发展状况；第三步，介绍公司的目标、规划等。

对培训目标进行排序精简

这一步需要管理者浏览自己列出来的目标清单，删除那些与培训的最终目标关联度、影响度不大的目标，保留重要的目标。

游戏过程中的关键任务点，是激起玩家胜负欲的关键，也是吸引他们是否继续玩下去的关键。

反思关键任务点，专注于重要目标

玩游戏时，玩家经常会对失败或胜利进行反思。当失败的时候，玩家会反思上一局是在哪个环节出了问题，下一局在这个环节一定要更加仔细；胜利时，玩家也会反思上一局能取胜是因为自己在哪方面表现较好，下一局一定要表现得更出色。总之，游戏是一个回顾、反思的过程，能让玩家在反思中学习到游戏制胜的核心。因此，在培训的最后环节，为了专注于目标，取得最后的胜利，管理者应该让员工主动列出培训目标的关键任务点，对其进行反思。这样既有利于引导员工回顾培训内容，又能让员工明确自己的关键任务点。

04 设定关键任务说明

章小万被申总叫到办公室。申总说:“上个月培训的效果很差,没有一个人完成任务。你帮我分析一下原因在哪里。”章小万回想了一下,回答道:“上次的培训任务没有具体说明,大家只知道要完成某项任务,但因为没有具体的任务说明,大家依然不知道该怎么完成。”

根据培训目标提炼出关键任务点后,并不意味着员工就能有效执行任务;必须明确任务内容,员工才知道如何执行。例如:在游戏中,玩家之所以能明确每项任务,是因为有详细的任务说明。为此,管理者在根据培训目标提炼出关键任务点后,下一步就需要设定关键任务说明。

具体来说,将关键任务点从内容向具体的任务转化。在操作过程中要遵循以下两点:让员工能在第一时间明确自己的目标;让员工能在第一时间知道自己具体需要做什么。

现实中,很多管理者在提炼关键任务之后,常常忽略了这一点。在管理者看来,我只需要给员工一个任务,至于怎么完成,全凭员工自己发挥

能力。而从员工的角度来看，即便知道自己的任务是什么，也会因为任务不具体、不明确，导致他们更加迷茫。

在《1 号岛》游戏中有一个救援任务，该任务的描述是“救死扶伤”——前线护卫军的伤员在医疗员的陪同下前往急救中心，但是在路途中被埋伏在 XX 的怪物袭击了，所有伤员和医疗员都被俘虏了。为了确保所有伤员能够全部被送到急救中心，前线急救中心的 XX 需要你前去 XX 战线，将所有受伤的人员成功护送到急救中心，任务才算完成。

《1 号岛》的救援任务说明非常简单、具体。试想一下，如果任务描述不具体，只是一句救死扶伤，那么玩家会一头雾水：去哪救？救谁？救完之后送到哪里……这一系列疑问如果得不到有效的解决，那么玩家能力再强也不清楚自己该如何去做。

任务说明就是用来具体指导玩家如何玩的。在团队培训中也是如此，管理者通过设立关键任务说明，帮助员工明确问题和目标，让员工知道自己应该解决哪些问题以及怎样执行任务。

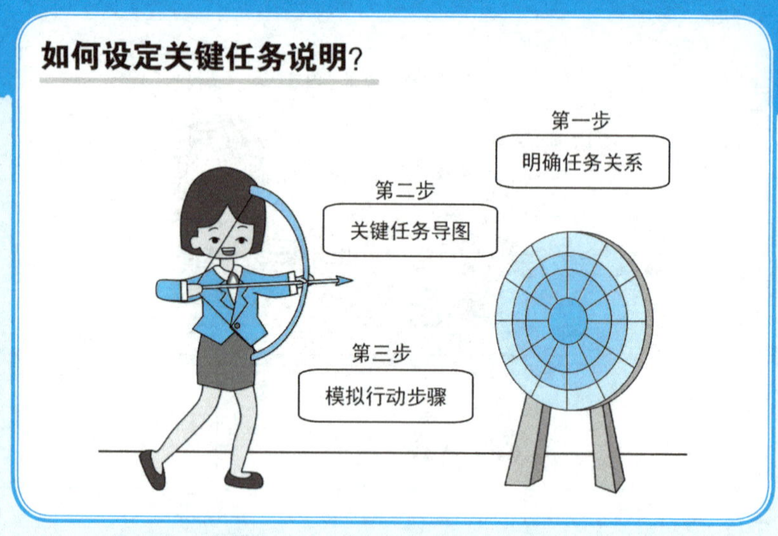

明确任务关系，让任务一目了然

记忆力和理解能力好的人，通常懂得在事物之间建立逻辑关系。同样，在设定关键任务说明的时候，为了便于员工记忆和理解，管理者需要根据关键任务点梳理出任务点之间的逻辑关系，尽量让“点”与“点”的逻辑一致。然后，将这些点连接起来，形成一条任务线，使员工对自己的任务目标的大致方向一目了然。

具体说明关键任务点，让任务可执行

设计关键任务导图。在游戏中，系统会给玩家提供一些丰富的图像和文字，加深玩家的记忆，让玩家借助关键字和图案，能够清晰地知道自己需要利用哪些信息完成任务。将这一点应用到团队管理中，管理者可以通过设计关键任务导图帮助员工记忆和理解。在设计导图时，列出关键任务

任务说明就是用来具体解决玩家遇到的每个问题的。

点，同时借助颜色、形状、关键字等，使得任务具体化、形象化，将员工的注意力集中在关键任务信息上，避免在无关紧要的内容上浪费时间。

设计模拟行动步骤。玩家在接触一款新游戏时，会根据系统中模拟人物的操作，帮助自己迅速熟悉操作步骤，掌握行动技巧。在设定团队任务时，管理者也可以设计模拟行动步骤，最好以每个关键任务为节点来设计步骤，并对具体步骤进行详细指导说明。例如：第一步先做什么，第二步做什么……引导员工一步步去操作、执行。

为任务创设故事背景

在一次培训中，章小万让大家扮演成特工的角色，解决接下来培训中需要解决的问题。但是培训结束后，小旭向她吐槽说："好无聊的游戏化培训，扮演什么特工，就是把自己的名字改成一个代号，连自己真正是谁，为什么存在，使命是什么都不知道。"

相比平淡的语言表达，人们更喜欢有情节的故事，尤其是对情感丰富的新生代员工而言，唯有有趣的故事才能吸引他们。所以现在很多流行的网络游戏，都会在开始时交代故事发生的背景。很多时候，故事背景的好坏，直接影响玩家是否有兴趣进入游戏。

所谓的故事背景就是指故事发生的时代背景、社会环境或家庭环境等。一个好的故事背景会让人不断遐想，从而激发内心的欲望，有一探究竟的冲动。

《超级玛丽》是很多人小时候玩的一个游戏。游戏中的主角马里奥可爱的外在形象，让人记忆深刻。而这有趣的外在形象，就是这个游戏故事背景中的一部分。在《超级玛丽》游戏中，马里奥的前身是一个水管工人，

之后掉入了一个未知的地方，当他得知公主被邪恶的乌龟绑架后，便想尽办法逃了出来，走上了营救公主之路。

《超级玛丽》的故事背景，其实就是英雄救美之路。这个故事赋予玩家一种使命感，让玩家有了一次当英雄的机会。如果没有故事背景，马里奥只是一名普通水管工人，那么他一步步战胜邪恶乌龟的动力在哪儿呢？单纯的分值和奖励只能让玩家产生成就感，而故事背景赋予了玩家使命感、责任感和荣誉感，这种力量将远远大于分值和其他奖励。因此，管理者在培训中，除了要设计一些分值和奖励外，还要为任务创设完整的、有趣的故事背景，激发员工的内在动力。

根据目标来创设故事背景

管理者在为任务创设故事背景时，需要根据培训目标设计整个故事背

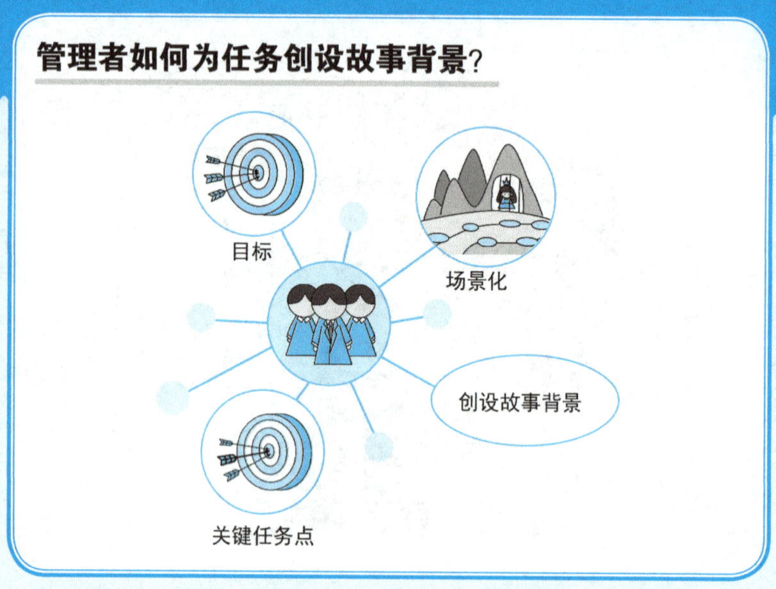

景。就像玩家在玩游戏的过程中，会存在“为什么我会出现在这样的情境中？”“我的最终目的是什么？仅仅为了胜利？”此类问题一样。同样，员工在培训中也会有不同的目标，只有设计出合乎目标的故事背景，才能吸引员工全情投入。例如：员工想要在培训中实现晋升，那么管理者在创设故事背景时，就要设计“挑战终极Boss获得成功”的晋升模式，使员工能在培训中达成自己的目标。

根据关键任务点创设背景

任务背景的设计一定是与关键任务点相关的。例如：新员工培训的任务背景要与员工成长有关。因此，在游戏化设计中，可以将刚入职的新人设定为“菜鸟”级选手，刚开始能力、经验等有限，但富有激情、勇于表现自己，在层层的升级后，获得的“能力值”和“经验值”越来越多，最

一个好的故事背景会让人不断遐想，从而激发内心的欲望，有一探究竟的冲动。

终经过不懈的努力完成了任务，帮助团队实现了目标。这种“升级打怪”的故事情境，需要管理者在每个节点设计一定的任务点，如在技能培训这个环节，管理者可以将复杂的技能转化为新员工“闯关”升级游戏，让员工在培训中获得乐趣。

利用场景化的方式创建故事背景

在游戏故事背景中，常常利用场景化的方式进行设计。例如：玩家在选择一款游戏时，主要场景：选择游戏→进入游戏→闯关升级→退出游戏等关键场景，具体可以描述为：谁（who），在什么时候（when），在什么地方（where），做了什么事（do），周围环境怎么样（how）。管理者也可以通过不同的场景，为员工的下一步目标行为寻找机会点。场景的设置一定要充满惊喜、感动、期待、效率，能够让员工沉浸在游戏化场景中，并且每个任务场景的设置也需要切合主题，并在任务背景中设计问题和冲突，激发员工进入情境。例如：《超级玛丽》游戏就设置了一个个场景，马里奥掉入了未知世界、公主被邪恶乌龟绑架、马里奥搭救公主等场景，让一切进展有脉络又循序渐进。

06 设置工具，推动游戏中的互动

章小万在培训开始之前说："今天的培训我们采取的是分组形式。培训中会有游戏环节，需要小组成员相互配合完成，最终我们将会在各个小组中评选出最佳小组，有神秘大奖哦！"章小万话音刚落，大家纷纷表示赞同。

团队合作本身就是一个互相协作、共同达到统一目标的过程。在整个过程中，最关键的就是彼此互动。互动是一个促进交流的过程，能有效提高人们的参与度，增强大家的积极性，这也是很多游戏吸引玩家的关键因素。

例如：实际生活中的"动作接龙"游戏。在游戏开始时，两人上场比试，由一方先做一个动作，对手跟着做，再加上自己的一个新动作。以此类推，最终动作错误者出局。这种连续性的互动游戏会大大激发玩家的兴趣，增强玩家之间的情感联系。应用到管理中，管理者可以借助游戏化培训吸引员工，通过在培训过程中设置工具，推动游戏中的互动，让员工在吸收培训知识的同时，感受到培训带来的乐趣。

破冰互动：添加好友

通常，多人游戏是需要组队完成的，因此玩家需要添加好友。“添加好友”也是游戏开始的一个互动环节。在团队游戏化培训中，管理者也可以参考“添加好友”的设计，让员工之间相互认识、熟悉，推动员工之间建立互动关系。

寻找队友。让每个团队成员找一名队友，对方最好是不太熟悉的人，然后其中一人化身为“记者”对对方进行采访，形式和内容围绕培训主题设定，时间为 3 分钟。

互相采访。对对方采访结束后，互换身份，按照规定继续采访。

整理信息。双方采访完毕后，每位员工对采访到的信息进行整理和加工，并将采访的队友介绍给大家。

如何在游戏化培训中设置工具，推动游戏中的互动？

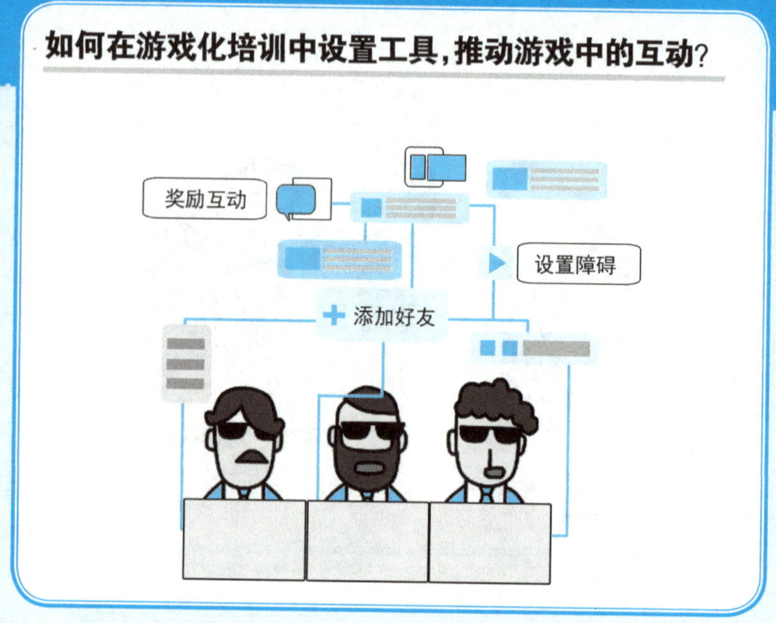

加深认识：互动有奖励

在游戏互动中，很多人并不会主动参与互动，即便分了小组，也很难与小组成员融合在一起。这时，管理者可以采取奖励的方式，鼓励小组成员互动。

互动增加个人分值。分小组后，要求成员互相打招呼，让每个人熟悉自己团队中的成员。例如：当员工做一次深入的自我介绍，将会为个人或团队增加分值。最终所有小组的分值会在培训结束后进行统计，得分最高的小组将会被评选为本次培训的赢家。

个人与团队荣誉挂钩。以团队为主体，设置团队积分制。每个小组在一开始都是 0 分，个人的表现直接决定每个小组的分数，如果个人表现良

互动是一个促进交流的过程，能有效提高人们的参与度，增强大家的积极性。

好，就会给所在小组加 1 分；如果个人违反游戏规则，也会扣减所在小组的分数。

增进关系：馈赠或索取礼物

在虚拟的游戏中，玩家可以互相赠予或索取礼物。这是一种带有主动性的互动，玩家在馈赠礼物的过程中能够加深彼此的感情。在游戏化培训中，管理者也可以设计互赠“礼物”环节，让每个员工准备一份礼物赠予对方，增强学员之间的互动。这些“礼物”可以是实际物品，也可以是升级环节中的勋章、点数等。

设置阻碍：让员工主动寻求帮助

很多游戏通过设置具有难度的关卡，消耗玩家的“精力”“分值”，玩家一旦“精力”耗尽，就需要主动向好友寻求帮助。玩家能够从点数或勋章上看出谁帮助过自己，自己也会在以后给对方提供帮助。这样一来一回，玩家之间就建立了密切的互动关系。

在培训设计中，管理者也可以设置适当的阻碍，引导员工主动寻求帮助。例如：设置难度关卡，在每个难度关卡处附上温馨提示：“你现在有一次现场求助的机会，你可以选择一位队友协助你完成任务。”当员工在某个环节卡壳时，就会根据信息提示，主动向队友寻求帮助。

07 游戏回顾，关注培训的最初目标

培训结束后，章小万找大家了解培训情况。她最关心的就是：培训目标是否达到。但是，当她询问“培训目标是什么”的时候，所有人都低着头不作声。

培训是为了提升员工的工作能力，但是很多时候，培训效果不尽如人意。很多管理者认为，培训是为了帮助员工提升自身的能力，但是领导的这种“好意”，员工很难领会，反而觉得领导故意在“折磨”他们。在这种情况下，一场培训的结束对员工来说是“解脱”，他们很难记住培训最初的目标是什么，自己在培训中学到了什么。例如：章小万的员工浑浑噩噩地熬完一期培训，全然忘记了最初的目标。而在游戏化中，玩家无论在哪个环节，走到哪一步都始终记得游戏的最初目标。

《英雄联盟》助手里有一个死亡回放的功能。这个功能主要用于记录英雄在死亡时刻的所有操作细节。玩家借助这个功能可以知道自己哪一步走错了，以便在下一步采取有效的应对措施和策略。这个回放功能，其实相当于游戏回顾，能够让玩家知道自己存在哪些失误，以便及时纠正，还能够时刻提醒玩家关注最初的目标。同样，在企业的游戏化培训中，管理

者更需要设定类似的游戏回顾环节，让员工能够时刻关注培训的最初目标。

梳理任务线

梳理任务线是一个归纳总结的过程，即将培训的所有内容串联起来，方便回顾培训内容，关注最初目标。在游戏化的培训中，每个任务点之间都存在一定的逻辑关系，管理者在带领员工回顾的时候，可以梳理整个培训环节，将任务点连接起来，形成一条有逻辑的任务线。

在该环节中，管理者一定要注意趣味性。因为反复讲一件事，必然会让人感到厌烦，而以有趣的方式呈现，结果就大不相同，不仅会让员工爱上培训，还能提高学习效果。

意外，即“惊喜 + 兴趣”。在培训中，可以设置一些奖励环节，并将富有挑战性的培训内容和实际工作目标相结合，让完成挑战的员工获得奖励，以此增强趣味性。

可信，即“相信＋共识”。培训不只是宣扬一种理念。因此，管理者要让培训真实可信，可实际操作。例如：进行场景模拟，模拟代表性的案例让学员有“身临其境”的真实感。

情感，“共鸣＋激励”。管理者可以在培训中加强互动。例如：设置相关任务，增强员工的责任感，让员工明确知道自己的任务和对整个团队的意义，从而获得激励。

回顾培训课程的关键内容，抓住 20% 的关键行为

19 世纪末 20 世纪初，意大利经济学家巴莱多发现一个定律。他认为：在任何一组东西中，最重要的只占其中一小部分，约 20%，其余 80% 尽管是多数，却是次要的。因此，为了提高培训的效率，管理者需要带领员工回顾课程的关键内容，专注于 20% 的关键行为，即要抓住这 20% 的关键行为以实现 80% 的效用。

例如：在游戏回顾的过程中，管理者可以把员工分成小组，小组的数

游戏回顾能够让玩家知道自己存在哪些失误，以便及时纠正，还能够时刻提醒玩家关注最初的目标。

量按照团队目标提取的关键任务点的数量来确定，如 4 个关键任务点，分成 4 组，4 组之间按照逻辑顺序串联，每组对该任务进行说明和具体的阐述。这样一来，游戏回顾又变成了一个游戏，既增加了趣味性和参与性，也抓住了 20% 的关键行为，让员工能更好地关注培训的最初目标。

在实际工作中回顾，制定培训手册

游戏化培训是为了将培训中所学的知识运用在实际工作中。因此，在培训的最后，管理者需要留出时间，让员工从游戏化的“角色”中跳出来，回归到实际工作的“角色”。

在这个环节中，管理者需要引导员工思考，如何在实际工作中运用培训所学的知识。关于这个问题，每个人必须进行认真、深刻的思考。最终管理者需要统一大家的想法，制定培训手册。在实际工作中，员工需要准确说明第一次在实际工作中运用培训知识的目标、时间、情境和具体计划，并记录在手册空白页上，以便供下次培训时参考或存档留给后来的新人学习。

第 6 章

文化设计：让快乐工作成为一种习惯

游戏化团队文化设计的核心，就是营造一种像游戏氛围那样极具凝聚力、战斗力的文化，促进团队融合，营造快乐的工作氛围。

01 团队文化 VS 游戏氛围

章小万发现办公室气氛颇为沉闷，心想大家都是90后，怎么会这么不活跃呢？于是在开会时她强调：“上班也要嗨起来啊！大家都是年轻人，没必要这么拘束的。”章小万的一席话逗乐了员工，大家纷纷表态：“老大，以后就靠你带我们嗨啦！”

传统的团队文化是靠一板一眼的模式化口号带动起来的，随着社会的发展，这种“除了工作还是工作”的团队文化并不受新生代员工的认可，甚至会让他们嗤之以鼻。新生代员工追求个性化的团队文化，他们渴望在办公室营造一种游戏氛围，形成一种有趣的团队文化。

从“独孤九剑”到“六脉神剑”，阿里巴巴的武侠文化氛围深刻地影响着每个进入公司的员工。“独孤九剑”的价值观体系，包括群策群力、教学相长、质量、简易、激情、开放、创新、专注、服务与尊重，这“九剑”帮助阿里巴巴度过了艰难的创业期。现在，“独孤九剑”已被精炼成“六脉神剑”：三剑说做人，诚信、激情和敬业；二剑说做事，团队合作、拥抱变化；一剑刺中要害，说的是“客户第一”。

激情、强烈的文化氛围有助于增强凝聚力

阿里巴巴有趣、独特的游戏文化，大大增强了团队的凝聚力，让团队成员的工作效率有了显著的提高。很多游戏也正是借助激情、活跃的氛围文化，吸引玩家积极参与其中。与团队文化相比，游戏式文化氛围有以下几点显著优势。

增强认同感。游戏氛围能够增强员工对团队的认同感，让员工在工作中享受到轻松愉快的心情，从而建立一种融洽的“大家庭”氛围。

消除距离感。游戏氛围破除了传统团队文化的严肃氛围，营造的是更加轻松的状态，能够消除传统的上下级的距离感，减少不必要的冲突。

提高有效劳动行为。游戏氛围能够调动大家的积极性，从而提高员工的有效劳动，让员工在玩游戏的过程中快乐、轻松地完成工作。

增强吸引力。游戏氛围比传统的团队文化更有趣，对新生代员工更有吸引力，能够吸引众多人才加入团队，并且他们会因为加入团队而自豪。

重塑打卡：用“声音”签到

让员工从进门开始就能够感受到有趣的文化。例如：取消传统的打卡制度，员工进公司用“唱歌”识别。无论员工是“K 歌达人”还是“音痴”，都能让其他员工感受到乐趣。

建立俱乐部：让员工“嗨”翻天

为了营造欢乐的游戏氛围，管理者可以组织团队成员建立俱乐部。例如：马云团队的“fun 文化”，口号是“work with fun”，因为阿里巴巴团队的年轻人居多，大家都比较有活力，无时无刻不想玩些新鲜的东西，在游戏中完成工作。因此，管理者可以设计一些以“joke 文化”“fool 文化”为主体的俱乐部，以游戏化的思维模式传递文化理念。

激情、强烈的氛围文化，是吸引玩家积极参与其中的关键因素。

设计工号：让员工拥有有趣的名称

校园风。新生代员工刚刚出校门不久，对校园文化有深深的眷念之情。因此，在游戏式的文化空间里，员工可以称呼管理者为“老班”或“辅导员”；同事之间可以相互称呼“同学”；根据员工的个性称呼他们“文艺委员”（擅长歌舞才艺）、“学习委员”（专业能力及综合素质比较强）等。

佛系风。现在很多新生代员工崇尚“佛系”文化，即对待事情保持冷静、豁达的态度。因此，管理者可以借鉴佛教中的“方丈”“和尚”“施主”的称呼，建立一种有趣的“佛系”团队文化。

武侠风。阿里巴巴有着独特的武侠文化。马云的外号为“风清扬”，这位被员工和外界一致认为长相奇特的老板，最钟情的就是金庸的武侠小说，而深受其影响的阿里巴巴更是一个充满武侠味道的江湖。阿里巴巴的每位员工在入职时取一个“花名”；在工作中用花名，提倡“认真工作、快乐生活”。为此，管理者也可以效仿这种模式，在团队中建立一种“武侠文化”，让员工融入“江湖侠义”的团队氛围。

02 让员工参与到文化设计中

为了让文化设计能够顺利进行，章小万决定对员工进行问卷调查，了解一下员工的想法。然而在调查过程中，很多员工说："这是领导的事，我说不说又有什么区别呢？"

团队文化是一种精神象征，能通过潜移默化的影响给员工带来积极的体验，凝聚团队力量。所以，团队文化对团队的生存和发展有十分重要的意义。然而在实际管理中，很多员工并不愿意积极主动地参与团队文化的设计。

具体分析，有以下 3 个方面的原因。

没兴趣。公司已经形成了特定的团队文化，而新生代员工对这种形式较旧的文化没有什么兴趣，他们无法很好地融入这样的团队文化。

没底气。新生代员工刚刚步入职场，经验和能力尚且不足，没有底气对公司文化的设计"指手画脚"，既怕说错，也怕说了不被采纳，丢了面子。

没权力。新生代员工觉得文化设计都是领导的事情，是管理者对未来愿景的某种表达，而自己只是一个员工，认为干涉不到文化设计的层面。

很多员工并不愿意积极主动地参与到团队文化的设计中

从众效应，激发热情

从众效应是指，当团队中的大多数人参与文化设计时，剩下的人也会积极加入其中。因此，为了带动大家积极参与，管理者需要找到团队里容易带动气氛的员工，让该员工“热场”，将员工带入文化设计中去。在该环节中，员工可以围坐成圈，按照“击鼓传花”的方式决定员工发言的顺序。这样做会让一些胆小、害羞的员工也积极参与进来，进而可以进行“头脑风暴”。

创设主题，畅所欲言

虽然很多管理者会积极鼓励员工参与到文化设计中，发表他们的见解和看法，但是当员工提出建议时，管理者会不断干预，甚至会因为员工的观点与自己不一致而否定员工。这种情况下，无疑会打消员工参与团队文

化设计的积极性。

为了避免这种情况，管理者可以创建一个游戏化情境，让员工畅所欲言，积极参与文化设计。例如：马云的“武侠文化”，公司员工都有一个金庸小说中的花名。管理者可以设定一个主题，而里面的元素需要让员工参与设计。在员工参与的过程中，要授予员工足够的权力，尊重员工的想法并积极采纳。

“大赛制”，福利激励

为了增强员工的积极性、激发员工的动力，管理者可以将文化设计活动设计成大赛形式。例如：搞一个团队文化设计创意大赛，设置丰厚的一、二等奖励。除了物质奖励，管理者也可以设置非物质奖励，如以大赛设计者的名字命名文化主题等。

管理者的干预和否定会打消员工参与设计团队文化的积极性。

“龙文化”，让思想碰撞出火花

团队文化设计不是一个孤零零的概念，它有着丰富的内涵，能够体现该团队的精神和追求。例如：腾讯以企鹅为代表的动物文化，代表腾讯价值观的四大神兽分别是长颈鹿、海燕、犀牛与犀牛鸟和鹦鹉螺。这 4 个是相互独立的部分，组合在一起又是腾讯文化全方位的体现，具有深刻的意义和价值。因此，在团队文化设计中，管理者需要鼓励员工发散思维，再结合员工的创意，集员工之所长，而不仅是某位员工的想法。

03 在文化中注入积极情绪

团队文化初步设计完成之后，章小万发现员工还是像以前一样不在状态，上班气氛依旧沉闷。原来在设计团队文化时，她忽略了一个关键因素——积极情绪，导致苦心设计出来的团队文化形同虚设。

常见的情绪有很多，如愤怒、悲伤、喜悦、兴奋……不同的情绪对人的生活、工作、身体以及精神都会造成不同的影响。这些情绪归纳起来可以分为两类：一类是积极情绪，另一类是消极情绪。消极情绪过于激烈会影响员工的心情，会导致团队工作氛围不良，而积极情绪能够帮助团队营造良好的文化氛围，引导团队向更好的方向发展。

阿里巴巴在新人入职时有一个特色游戏仪式——“破冰仪式”。团队成员围成一个圈，入职者在中间，他们会挨个问一些问题，包括家庭、恋爱史、喜欢什么和不喜欢什么，在你身上发生的一些有趣的故事等，还有一些让你招架不住的内容等，从而让新职员一加入阿里巴巴就全面“嗨”起来。

阿里巴巴的破冰游戏文化让新员工在入职时就迅速打成一片，从一开始就带来了积极的情绪体验，使员工很快就能感受到公司欢乐、轻松的氛

缺少积极情绪的文化难以激发员工的工作动力

围。因此，管理者需要根据新生代员工的特点，在团队文化中注入积极情绪，让员工在团队中有归属感，获得快乐，进而激发员工的工作动力。

吐槽文化

新生代员工热爱生活，也喜欢表达，因此，当在生活或工作中遇到不开心的事情时，他们都喜欢吐槽，这几乎成了他们乐趣的来源。为此，管理者可以把这种“吐槽”注入团队文化，让其成为团队文化的特色。例如：每周开一次吐槽大会，员工可以尽情吐槽工作、吐槽生活，如被家长安排相亲的经历。最终，吐槽呼声最高的人获得“槽王”的称号。如此一来，即便员工在工作中遇到了“心塞”的地方，也可以将其变为“槽点”，让员工化“悲伤”为力量。

“整蛊”文化

公司的纪念日文化也很重要。庆祝员工生日可能时间久了会没有惊喜感，管理者可以将“纪念日”变成“整蛊日”。在管理者或员工生日的那一天，其他员工和同事可以对过生日的人进行“整蛊”，内容包括“帮付份子钱”“帮分手”等层出不穷的奇葩招数，让“纪念日”变得更加有趣。

如何在文化中注入积极情绪?

吐槽

整蛊

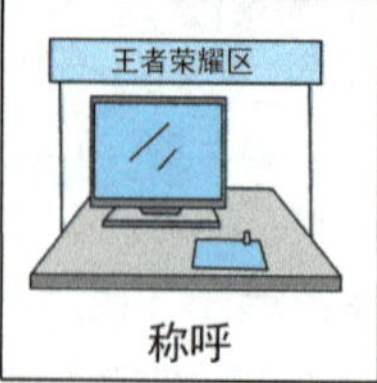

称呼

诗歌

“称呼”文化

在日常工作中，员工会有自己的办公区域，如何让这一小块“田地”变得其乐无穷呢？管理者可以让员工给自己的工作区域命名。例如：游戏玩家把自己的工作区域命名为“王者荣耀区”；喜欢看宫廷戏的员工将其命名为“景仁宫”“碎玉轩”等。这些称呼使员工之间的交流变得更加有趣。

诗歌文化

团队文化需要情怀，而体现情怀最好的方法之一就是写诗。团队管理者可以开展诗歌游戏，鼓励员工写诗，行数不限，贵在心意，写好后放到公司门口的特定箱子里，每周一早上，员工各从里面拿出一个大声朗诵。长期积累下来，可以做一本诗集。这样做不仅充满了情怀，也让员工对团队文化有更深刻的体验。

惊喜文化，为员工增添动力

小鑫：“我今天上游戏，发现《使命召唤》打折了。”

小旭：“我这边也是，早上上游戏发现《大菠萝 3》又更新职业了！”

小鑫：“真是开心啊，本来今天还挺郁闷的，有许多工作要完成。现在想想觉得没那么烦了，感觉工作都有动力了。”

惊喜文化是鼓励员工、增强工作动力的有效方式。例如：微软的总裁比尔·盖茨为了鼓励员工，会经常给员工准备意外惊喜，如突然的聚会、一张小纸条、邀请员工一起吃饭等。正是这种意外惊喜，吸引并留住了很多员工，也让员工更加热爱工作。这就像玩家喜欢玩游戏一样，因为游戏中总会出现意外惊喜。例如：玩家在打怪物时会突然获得一件宝贵的装备，这会让玩家始终对游戏抱有期待，从而一直充满动力地玩下去。

在团队管理中，同样需要实施惊喜文化，增强员工的工作动力。这样做一方面可以体现管理者对员工工作的肯定和认同，能够提高员工的自信和积极性；另一方面，惊喜文化的实施可以给员工带来各种各样的乐趣，

游戏中的意外惊喜是吸引并留住玩家的秘密

让他们在快乐轻松的文化环境中发挥更大的潜能。

设置首席惊喜官，制造小惊喜

你可能听说过 CEO、CFO 之类的首席官，但是对 CXO 这个职业也许还很陌生，因为它是最近某家电商企业为了给员工增添动力而设置的一个新的首席官——首席惊喜官！首席惊喜官，顾名思义就是负责企业的惊喜文化。处于该职位的员工在企业内部的权力比较大，有权在团队里举行各种活动。对他的能力要求，只是想出创意的点子，逗乐大家即可。例如：在员工生日、七夕舞会、圣诞节或者平时工作中制造一些意外的小惊喜。

运用“南风”法则，温暖你的员工

“南风”法则源于一个故事。北风和南风比谁能将人身上的大衣脱去，北风用刺骨的寒风去吹，结果使人将衣物裹得更紧了。而南风吹着温暖的风，使人褪去了身上的大衣。“南风”法则的寓意：温暖胜过严寒。从这里可以

看出，“南风”法则是一种人性化的管理手段，更是一种神奇的惊喜效应。

这种温暖的方式，更适用于新生代员工的管理。例如：管理者可以在员工表现好或者员工情绪状态不好的时候，给员工一片口香糖、一张纸条以及一句鼓励的话。这些对于管理者来说，都是举手之劳，但是这种细节能给员工带来意外的惊喜和感动，让他们更有激情和动力地工作。

为你的新员工准备小惊喜

新来的员工因为环境陌生，会比较拘谨、放不开，从而导致他们的工作效率低下。为了缓解这种局面，管理者可以利用惊喜文化，为员工营造轻松和谐的文化环境。例如：管理者可以让每个新入职的员工在第一天上班的时候，为下一位入职者准备一份小礼物。这个“小礼物”要充满爱心，体现团队文化，让收到礼物的入职者印象深刻。例如：自己制作的一个植物标本或写的一首温暖的小诗。

05 趣味团建，促进团队融合

章小万为了巩固员工之间的关系，规定每月聚餐一次。可到了后期，人总是聚不齐。章小万找员工了解情况，小睿说："每次都是吃饭，这样的团队活动好没意思啊。"

团建，又叫作团队建设，它能够让团队成员实现更好的沟通交流，同时还能帮助团队成员建立相互信任的关系，以促进团队融合。但是，要让员工积极参与团建，并不是一件容易的事，尤其是对新生代员工而言。新生代员工追求"新、奇、特"，没有趣味的团队建设活动难以吸引他们参与，即便参加了，也达不到管理者想要促进团队融合的目的。

因此，管理者要想让新生代员工积极参与团建活动，就要抓住他们的兴趣点，设计出符合他们个性化需求的游戏拓展活动，并通过游戏化情境的引导，让员工意识到相互配合和互帮互助的重要性，从而增强团队的凝聚力，促进团队的融合。

撕名牌

大多数新生代员工对"撕名牌"游戏有着强烈的好奇心。为了能让员

没有趣味的团队建设活动难以吸引新生代员工参与

工毫无束缚地玩在一起，管理者可以将这个游戏应用到管理中去，让员工展现出活泼的一面。

组团游戏

要想促进团队融合，管理者就要和员工“玩”在一起。例如：管理者可以带领团队成员一起游戏，成员可以集体在游戏中“坑”管理者，无形间拉近了管理者和员工、员工与员工之间的距离。

K 歌之王

很多新生代员工是“麦霸”，如果条件允许的话，管理者可以在公司的休闲区域设置一个“KTV”，每周进行一次 K 歌大赛，员工依次表演，表现出彩的员工被授予“K 歌之王”的称号。当周的“K 歌之王”从下周一开始每天早晨为大家献歌一曲，直到下一位 K 歌之王被选出来。这样的

管理者可以设计哪些有趣的团建活动？

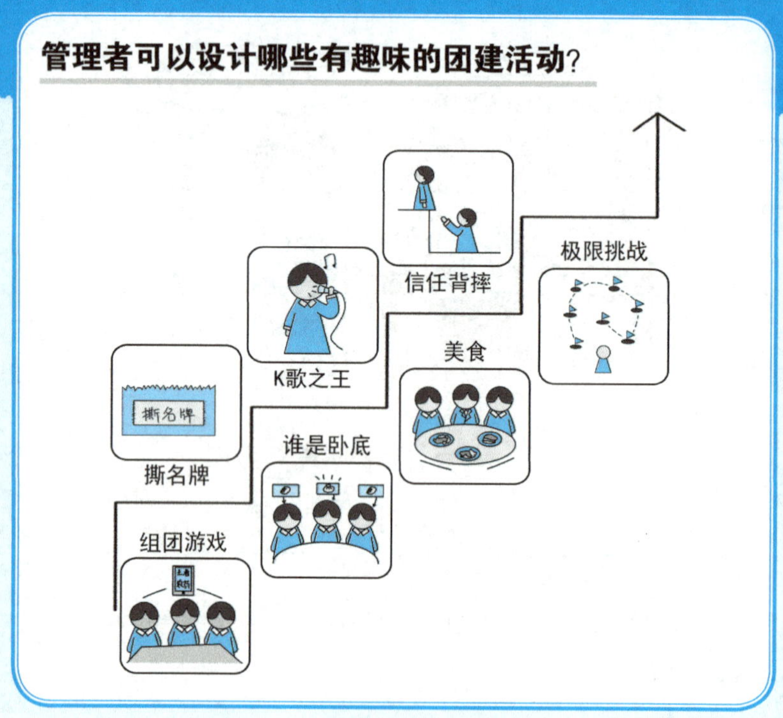

小设计不仅可以活跃气氛，还能加深小伙伴之间的感情。

谁是卧底

游戏最好 7 名员工参与，设置一人为卧底牌。例如：卧底牌为“包子”，其他员工的底牌则是与卧底牌相近的词语如“饺子”、馄饨等每个员工根据自己拿到的底牌进行描述，卧底则要混淆视听。在团建活动中，可以设置一个有意思的卧底牌是“××(老板娘的名字)”，而其余人的卧底牌是“××(老板的名字)”，拿到非卧底牌的员工挨个形容自己印象中的管理者。

新生代员工追求“新、奇、特”，
没有趣味的团队建设活动难以吸引他们。

信任背摔

游戏规则是所有人轮流登上一个 1.7 米高的背摔台，然后双脚后跟离开台面 1/3，整个人仰面笔直摔下，而团队的其他成员负责将他接住并保护好。这是对员工心理素质和员工之间相互信任的考验，该游戏能让员工很好地在团队间建立信任感。

自己做美食 +party

让新生代员工“嗨”在一起，可以让员工自行制作美食。例如：开 party（派对）进行主题活动，或者进入烧烤模式，让员工吃起来，嗨起来。

极限挑战

管理者可以在 7 个地点各放上一块拼图，集齐 7 块拼图会得到一个神秘大奖。各组员工按照指示先去找到自己所在任务组的拼图，然后赶去和其他组员会合，只有拼图完成，才能拿到神秘大奖。

革新工作环境，营造快乐氛围

为了设计符合新生代员工需求的工作环境，章小万专门开了一个讨论会。小睿说：“我想要一个日系风的办公室。”小旭却说：“如果你和一群不喜欢的人待在日系办公室，你愿意吗？”

工作环境包括外部环境和内部环境。外部环境即员工所处的办公环境，而内部的工作环境主要表现在员工之间以及员工和管理者的关系方面。

新生代员工渴望自由，追求个性化，所以他们喜欢有独特设计的办公室。此外，除了舒适、符合自身喜好的外在环境，新生代员工更渴望与喜欢的人一起工作。如果在团队中得不到认同，找不到归属感，即便办公室设计得和城堡一样华丽，他们也会果断选择离职。就像小旭所说的“你愿意和一群不喜欢的人待在日系办公室吗”，答案显然是否定的。

因此，在革新工作环境方面，管理者既要从外部环境进行创新设计，给员工带来新奇快乐的体验，也要从内部环境入手，营造和谐、快乐的文化氛围。

外部环境和文化氛围同样重要

对外部环境进行革新

森系办公室。特点是拥抱大自然、清新脱俗。员工可以把自己喜欢的花草搬进办公区，或者管理者可以采纳员工的意见，购置员工喜欢的花草，并摆放在办公区。每名员工可以自主“认养”花草，并给它们取有趣的名字。

现代派办公室。此风格不拘一格，大量使用几何图案作为设计元素，明亮度对比强烈，极具设计感，大体简约而又蕴藏无穷意味。管理者可以让员工参与设计，最后团队一起商定。此外，如果条件允许，员工还可以在墙上进行创意涂鸦，增强员工的“主人翁”意识。

定制化的办公桌。就像玩家在玩游戏时会设定一个自己喜欢的游戏界面一样，管理者也可以拥有定制化的办公桌。员工可以自主设计自己喜欢的造型，并可以在桌面上贴上自己喜欢的壁纸。

DIY 墙。最方便快捷的 DIY 墙就是“便利贴墙”。员工可以每天在便利纸上写下自己一天的心情然后贴在墙上，管理者和其他员工可以在该便利贴下面留言，表达自己的鼓励或者“打击”。

独立的休息空间。员工大部分的有效时间是在公司里度过的，结束上半天的工作后，员工一定特别希望有个独立空间能休息一下。管理者可以在公司的休闲区域安放一些小帐篷或者豆包沙发，让员工在工作之余，能够有舒适的片刻休息空间。

对内部环境进行设计

既要“书生气”，也要“土匪气”。新生代员工多半是刚刚毕业的学生，身上还有一些学生气息。这样的“书生气”会让员工之间有一定的距离感，因此，也需要来一点“土匪气”。这里的“土匪气”是指员工之间、员工

如果在团队中得不到认同，找不到归属感，即便办公室设计得和城堡一样华丽，也难以留住员工。

和管理者之间要“开得起玩笑”。这就需要管理者放下架子，和小伙伴一起嗨起来，共同营造轻松愉悦的办公室气氛。

无部门化。部门多了，各部门间容易形成一个小团队。因此，管理者革新内部环境，可以去部门化。例如：只设立一个财务部门。这样有利于去掉层级之间的约束，营造快乐的氛围。

外号侠。管理者可以鼓励每个员工起一个有意思的外号，如“娘娘”“方丈”等。这样在工作中就变成了“娘娘，任务完成了吗？”员工也可以集思广益，给管理者想一个“有内涵”的外号，越搞怪越有趣。

07 弹性化制度，去除不必要的约束

为了满足新生代员工追求自由的心理特征，章小万决定实行弹性工作制。只要员工做好规划，并按计划完成当天工作，即可提前下班。在短时间内，员工的工作积极性大大提高，但是好景不长，章小万发现员工经常会为了早点下班，对工作敷衍了事。

新生代员工追求自由，他们享受游戏的任我驰骋、想玩就玩、想走就走的模式，因此，对传统的上下班制度，他们有着诸多不适应。他们认为只要自己能够完成当天的任务，管理者就不应该给他们苛刻的时间限制。因此，为了满足新生代员工的这种需求，管理可以采取弹性化上下班制度。

作为游戏化管理的先驱，微软是最早实施弹性化制度的企业之一。在微软公司，只要员工能将每天要做的事情完成并达到标准，至于什么时间来上班、上多久班都行。如果你用 5 个小时就能完成，你就可以选择下午来工作 5 个小时将它完成，或者在其他时间段将它完成。

正是由于弹性化制度的实施，微软吸引了大量人才，也营造了自由、高效的团队文化。可见，满足新生代员工的心理追求，能够有效激发员工在工作中的创造激情。不过需要注意的是，弹性化制度并不等同于管理者可以毫

弹性化制度必须建立在一定的前提下

无节制地实行，因为过度的弹性化制度会使整个团队蔓延一种散漫的风气。因此，管理者需要确保员工在按质按量完成工作的前提下有效地实行弹性化制度。

明确工作时间内要达成的目标

弹性化工作制度并不是让员工随心所欲，而是让员工在有限的时间内按质按量高效地完成任务。因此，实行弹性化工作制度，管理者首先要明确工作目标以及预期工作成果，让员工在可控的范围内积极发挥潜能和创造力。这样既能消除不必要的约束和管理，又能确保员工高效地完成工作。

保证员工绩效考核的合理性

当实行弹性化工作制度时，不同员工的工作时长会有不同，因此，管理者要保证在弹性化制度下，员工绩效考核的精准性。例如：取消满勤奖、忽略员工的出勤天数，根据员工完成任务的多少和质量计算绩效，并且对高质、高效的员工予以奖励，充分激发员工的工作热情。

明确弹性化人群

并不是所有的部门、所有的员工都可以实行弹性化制度，有些职位注定不

能实行弹性化制度，而有些员工注定无法合理分配时间。例如：有些员工没有时间概念，他们很可能上午不来上班，下午来工作8个小时。但是当别的员工下班后，他们很可能因为想提前下班而草草做完工作。所以，在实施弹性化制度前，管理者需要综合测评员工的工作性质是否能够实行弹性化工作制度。此外，从部门种类来看，弹性化制度主要适用于一些软件开发、创意研发等工作岗位。

引导员工进行自我管理

弹性化制度意味着员工掌控时间分配权，能够自由支配自己的时间，但并非所有员工都有很强的自律能力，都能够清楚地认识自我，并进行自我管理。因此，管理者在实施弹性化制度前，可以让员工拟定相关的自我管理责任，经管理者审核通过之后，再由员工执行。此外，也可以采取游戏的形式，将员工每天完成的任务命名为“必闯关卡”，然后在每天晚上公布员工成绩排行榜，让员工在所掌控的时间里更好地创造价值。

鼓励员工分享成就感

小鑫：“领导总是说当我们完成一件事情后心里会有一种成就感。可是在我看来，最多就是被领导夸两句，工资还是那么多，有什么用呢？还不如多给点现金实在。”

最让游戏玩家兴奋的事情，莫过于当你在《英雄联盟》中实现了五杀，当你在《梦幻西游》中成了门派首席大弟子，当你在《守望先锋》中和队友一起获得了胜利……人们之所以会沉迷于游戏，正是因为游戏给予人在现实中难以体验到的感觉——成就感。

成就感是愿望与现实达成平衡的一种感受。简单来说就是通过自身努力，将一件有难度的事情成功完成。那一刻你内心所获得的满足、愉悦以及自豪等，便是成就感。

一般情况下，工作中的成就感体现在以下几点。

完成具有挑战性的“关卡”。主要是指一些具有一定的难度或者其他员工没有能力完成的事情，交给你来完成，一旦完成，就会获得更多的成就感。

员工一旦出现这种想法就意味着
他失去了对劳动成果的渴望，丧失了成就感。

代表公司或者全体员工完成“光荣任务”。主要是指寄予整个公司、团队厚望来完成指定目标，当完成之后，将会获得整个公司层面上的荣誉感。

获得荣誉或金钱奖励。主要利用奖励回报的形式，评价和鼓励自身的努力程度、成绩表现等。

营造分享氛围，带动分享文化

放下自身的领导形象，化身为“优秀员工”。例如：管理者可以经常与员工一起面对面分享成就感。这里需要管理者先放下身段，讲述自己所取得的成绩，并与员工分享自身的阅历和经验。然后再逐步引导员工，分享他们在工作中获得的收获、成就感。

如何鼓励员工分享成就感？

搭建分享平台，提供分享支持

召开会议分享。例如：定期在团队内部召开会议，在会议中为员工预留一定的时间（20 分钟或半个小时），鼓励员工分享成就，并且可以适当地引导员工分享个人经验，帮助更多的员工找到方法和前进的动力。

线上平台分享。例如：在企业内部搭建一个线上分享平台，包括微信、QQ、微博等。员工可以将自己的成就感分享到平台上，就像平时发朋友圈和微博一样，让每个员工都能看到彼此的点滴成长。

设置分享奖，激发分享动力

很多时候，管理者即便以身示范，也可能只能带动一部分人分享成就感。因为在员工看来，分享成就感其实就是一种变相的炫耀，这种费力不成就感是愿望与现实达成平衡的一种感受。

讨好的事情自己不必去做。管理者要想解决这个问题，最好的办法就是针对分享进行奖励。例如：设置成就奖，通过发放奖金或奖品的形式，鼓励员工大胆说出内心的成就感。这样不仅能够体现出公司的高度重视，还能鼓励更多的员工参与。

物质奖励。可以颁发奖金或者以点数的形式，鼓励员工分享。

精神奖励。例如：给分享成就感的员工一个舞台、一个机会，用掌声鼓励他们敢于表达自我。此外，还可以将他们的照片放在公司的宣传栏上，可以在会议中鼓励其他员工向该员工学习。

打造明星员工俱乐部

申总给章小万布置一个新任务：把公司历届的销售冠军组织起来，形成一股榜样力量。这让章小万很头疼，且不说把这些“冠军”组织在一起有多难，就是组织起来了，又如何让其他员工关注并以他们为榜样呢？

明星员工是团队培养出来的技术精湛且素质较高的员工，在团队当中具有顶梁柱的作用。如果团队的明星员工不能将自己的心思凝聚在团队上，那么就可以说这家团队的生命线断了。因此，留住明星员工无论是对企业的长远发展来说，还是对整个团队内部成员的成长来说，都起着至关重要的作用。

对管理者来说，只有有效开发、使用与留住明星员工，才能充分发挥出他的作用，带动团队的发展。那么，如何有效发挥明星员工的作用？最好的办法无疑是打造明星员工俱乐部。打造明星员工俱乐部是为了使明星员工和团队文化更好地碰撞和交流，将所有员工凝聚在一起，进而发挥出强大的作用。

打造独特文化，保证员工之间建立紧密联系

世界上有各种各样的俱乐部，例如高尔夫俱乐部、侦探俱乐部、文学俱乐部……每个俱乐部都有其独特的文化，俱乐部的文化决定了俱乐部的最终目的。对管理者来说，要想打造明星员工俱乐部，首先就要打造俱乐部的文化。

学习俱乐部。在内部建立明星员工学习俱乐部，包括英语俱乐部、培训俱乐部、读书俱乐部等。管理者要给明星员工留出足够的空间、时间进行交流和互动，一方面可以将明星员工有效凝聚在一起，另一方面他们通过充分的互动和学习，能够帮助自己取长补短，实现更加快速且全面的发展。

游戏俱乐部。绝大多数明星员工的工作压力非常大，因此，管理者可以设立一些娱乐型项目帮助他们减轻压力。例如：设立一些健康的娱乐活动，包括某些电子设备游戏、下象棋、猜字谜等游戏。这些游戏需要多人来完成，这样一方面可以有效地缓解员工的压力，让员工在需要工作时更

好地投入工作；另一方面，也能够快速地建立团队之间的联系，让每个员工都能够找到属于自己的游戏搭档，进而促进团队成员之间的感情。

运动俱乐部。例如：在内部适当地增加运动设施，让员工形成运动文化。此外，团队可以定期举行一些运动项目，一方面可以增强员工的体魄，使其有持久的工作精力；另一方面，员工之间通过运动建立起的友谊可以增强团队的协作能力。

制定有趣的规则，激励员工积极参与

一般来看，俱乐部的形式分为两种——会员制和积分制。这是一般员

只有有效开发、使用与留住明星员工，才能发挥出其强大的作用，带动团队的发展。

工俱乐部文化最为常见的两种形式。对管理者来说，要想有效打造明星员工俱乐部，也可以按照这两种形式划分俱乐部的形式，鼓励员工按照标准参与进来。

会员制。员工如果想要成为会员，区别于其他员工，就会在工作中给自己制定比他人更高的目标。在具体工作中，也会以更高的标准来要求自己。例如：其他员工每天给自己制定的目标是访问 3 个客户，那么渴望成为会员的员工会给自己制定超过 3 个目标。

积分制。积分制体现的是一个长期积攒的过程。对企业来说，在明星员工之间设定积分制，能够对员工起到长久的吸引作用，不断积累和创造价值。例如：员工之前为公司创造了 100 万元的业绩，可以拿到 10 万元的提成。但是这 10 万元的提成，只会在当月给员工 5 万元，剩下的提成将放在积分卡中，只增不减，在积分积攒到一定程度，员工就可以将全部资金取出来。这样既能够有效地留住明星员工，又能够激发员工保持继续前进的动力。

第 7 章

游戏化管理实践案例

越来越多的企业开始涉足游戏化管理，如腾讯、Uber、网龙、罗辑思维、不跟团和海尔等。本章将结合这些具体的案例，分析游戏化管理在中国的实践。

01 腾讯："游戏化"员工成长体系

经过一段时间的尝试之后，章小万深深觉得游戏化管理模式的确非常适合新生代员工的管理。为了更深入地了解，她决定对已经进行游戏化管理实践的大企业做一次系统的研究。她首先盯上的就是腾讯的"游戏化员工成长体系"。

腾讯的成功与其员工成长体系是密不可分的。腾讯一直以来特别注重对员工的培养，因此吸引了大量的人才。

在培养人才上，腾讯一直在探寻一个最有效且能激发员工积极情绪的方式。经过多年的不断发展和实践，腾讯成功构建了一套行之有效的吸引员工、激励员工的成长体系——游戏化成长体系。这也是游戏化管理模式在中国企业的成功实践。

晋升通道

玩游戏的人都知道，游戏里面让人感兴趣的一定是打怪升级。于是，腾讯的管理者借这种游戏化模式，打造员工晋升通道，并且充分细化了员

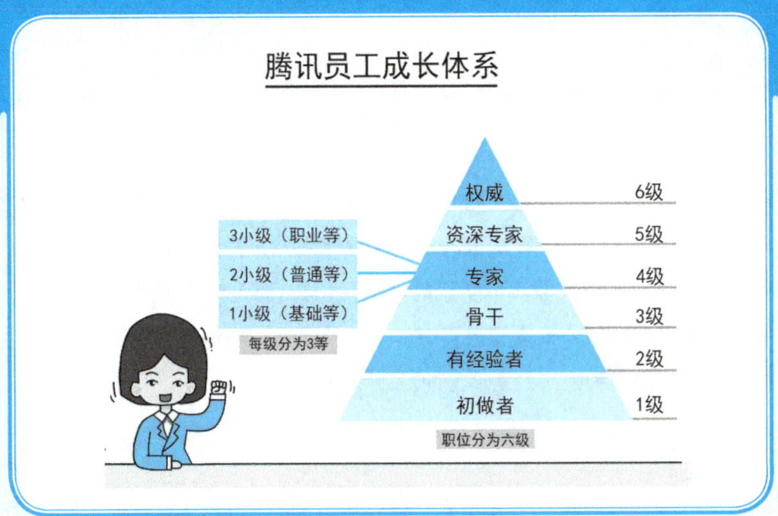

工角色和主线人物，很接近游戏里面的打怪升级。

在打怪升级游戏里，不可缺失的就是职业定位。因此，腾讯对员工的“角色”进行了特别精细的划分，然后设立了 80 多个专业通道，大致分为 4 类。

第一类，T 通道。技术通道，包括产品研发、视觉设计、运维等子通道。

第二类，P 通道。产品 / 项目通道，包括策划、项目、运营等子通道。

第三类，M 通道。市场通道，包括市场、战略、网站编辑、商务拓展等子通道。

第四类，S 通道。专业通道（职能通道），这是这几个中最复杂的通道，通常情况下包括公司的行政、秘书、财务、会计、人力资源、公关等各个子通道。

这里的通道其实就是指员工晋升或升级的一个渠道。事实上，腾讯对员工的渠道划分远不止于此，在实际的操作过程中会更加细致，每个通道在打怪升级游戏里，不可缺失的就是职业定位。

还会再细分成若干个通道。如此一来，就可以为员工指出较为清晰的发展路径，让每个人都能获得同等的机会。除此之外，腾讯还有一些特殊的晋升渠道，这个渠道并非我们所说的“走后门”，而是会根据岗位和市场上技术的变化，设置不同类型且具有针对性的渠道，确保每位员工都能清楚自己的职业规划和未来的发展方向。

“十八层地狱”

在游戏化的员工成长体系中，腾讯设立的满级是 18 级。这个级别看上去并不是太高，但是要想爬到最高层并非一件轻而易举的事情，它需要员工一直保持积极性，并全力以赴地完成每项工作，才有可能爬到顶峰。因此，很多人称腾讯的这种成长体系为“十八层地狱”。

在“十八层地狱”中，设有六大级别，分别是助理、普通、高级、专家、资深专家与权威。每个大级还会继续细分为 3 个小级别，称为基础、普通、职业。腾讯会依据这种分类，给员工贴上“标签”。如员工的等级为 2.3 级，则表示普通职业。

打怪升级

在划分好渠道和等级后，接下来就是关键的环节——打怪。如何打怪呢?

首先，员工要根据自己的表现主动向公司提交晋升申请，每半年可以提交一次。申请受理后，每个通道都会成立一个由权威专家组成的“通道委员会”，对申请进行评审。如果评审通过，接下来就进入答辩阶段，也

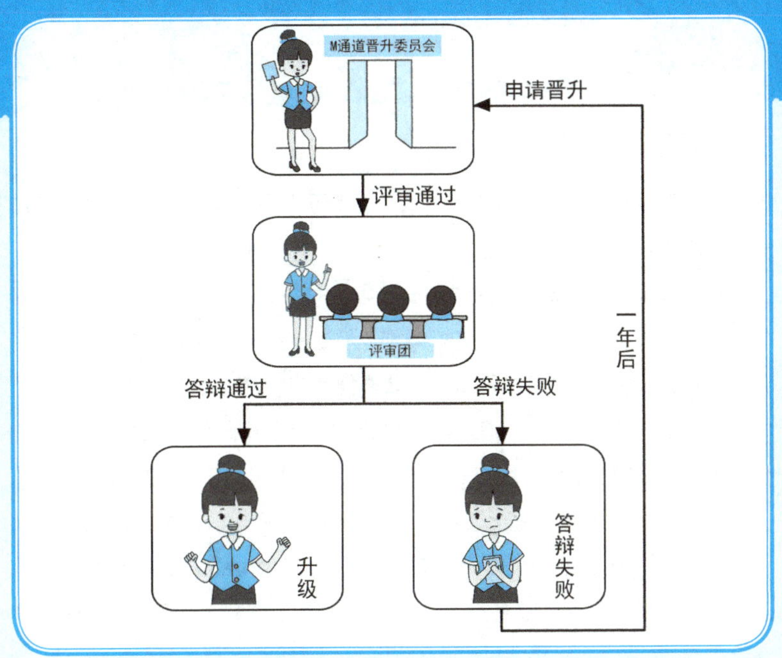

就是所谓的“打怪”环节。这个环节会设置3名答辩专家作为“怪物”，只要打败他们，你就可以升级。如果遇见特殊情况答辩没有通过，还能“复活”，申请第二次答辩机会。如果通过了申请，员工需要在该等级至少待满一年，才能再次申请晋升。

如此一来，可以确保每位员工在每个级别上都能够得到充分的锻炼机会。如果一名员工从 2.3 级直接升级到满级，需要 16 年的时间才行。所以，这是一个极具挑战性和耐性的“游戏”。

正是因为晋升如此困难，且不会因为某位高层的一句话就轻易跳级，才让游戏规则变得更加公平。基本上，管理者通过级别，就能够看出一个员工的能力。当然这些晋升完全出于自愿，公司不会强迫。腾讯也有很多要确保每位员工在每个级别上都能够得到充分的历练机会。

员工只在乎专注学习和培养自己的能力，而不在乎晋升。这没有任何关系，完全取决于员工的本人意愿。

这种情况也与腾讯资深的体系设计有很大的关系。腾讯员工的等级与管理不挂钩，如某位员工已经是专家级别，但是他不一定拥有管理职责，也不会得到更多的特权。等级的职称，只代表他在某个领域上的能力或经验。这就像游戏里的勋章一样，只是某种能力的象征。这种制度就从根本上杜绝了企业里面一些专家出现居高临下的态度，能够更好地实现企业内部的平等。

除了上面的这种关系，员工的等级与待遇也有比较弱的相关关系。具体来说就是，员工成功晋级后，其工资不会有太大的波动，最影响员工工资的不是等级，而是业务绩效。所以很多优秀的人不在乎等级，更在乎绩效。

另外，腾讯对升级体系还做了一个很好的补充——荣誉升级。因为腾讯的组织划分是偏非职能化的，每个团队或业务部门都是一个完整的独立单元，可以独自作战，是一个典型的强矩阵模式。这种运营模式往往会让企业忽略员工的成长，而这个荣誉升级体系刚好在这方面给了一个很好的补充。

这种补充是为了更全面地满足员工的需求，因为有的员工在乎名，有的员工在乎利。在乎名的可以做职级的晋升，而在乎利的只要把自己的业务做好就行。总的来说，腾讯员工的成长已经脱离了管理者的管理，形成了一种自发的成长机制。通过虚拟化的通道帮助员工成长，并实现企业的目标，可以说是一个行之有效的管理方法。

Uber：免费移动游戏推动司机学习

章小万在惊讶于腾讯的“游戏化员工成长体系”的有趣、完善之余，并没有停止学习的步伐，她很快把目光转向了全球知名企业“Uber”。

Uber 是美国硅谷的一家科技公司，创立于 2009 年，但真正声名鹊起还是在 2014 年，原因是旗下的一款打车软件。这款打车软件刚开始的时候掀起了一阵狂热，不仅受乘客追捧，也让很多私家车司机不再打着“黑头车”的名义载客。但是，私家车的司机与专业的出租车司机相比，还是缺少一些经验。虽然用户在短短几分钟内就能叫到车，但是司机因为经验不足，经常迷路、绕路或陷入交通堵塞。这就成了软件打车最大的一个问题。

这些问题归根结底来说，还是因为司机的不专业和缺乏经验导致的。如何才能解决这个问题？答案就是对司机进行相关知识的培训，如熟悉城市线路、主要的城市建筑物等。但是培训司机是一件不可能实现的事情，因为 Uber 的司机不属于哪家公司，他们只是通过 Uber 平台共享资源，获得相应的报酬。因此，组织这些司机一起学习是行不通的。而 Uber 的管理者，就想到了一个灵活且有趣的学习模式，并且能让司机主动学习。

Uber于2015年推出了一款免费移动游戏《Uber Drive》。《Uber Driver》主要是为了协助司机学习城市周边的最佳线路，除此之外，还能利用这种有趣的方式招募新的司机。

在《Uber Driver》这款游戏中，玩家会在旧金山的谷歌地图上获得一辆黑色轿车，随后系统会给玩家分配乘客和目的地。然后玩家需要选择自己认为最佳的路线，将乘客送往目的地。在整个游戏结束后，系统会显示一个最佳的线路，并会根据玩家所选线路与最优线路的差距奖励虚拟的货币。玩家可以用这些虚拟货币升级自己的车辆。这种方式与现实生活中的Uber一样，在现实生活中，整个行程结束后，软件界面会弹出一个打分页

面，采用的是五星打分制度。除此之外，在城市中也会存在一些“高价地区”，如果司机能接到这些高价地区的单子，也可以获得额外的收入。

《Uber Driver》这款游戏推出后，受到了司机的欢迎，大家都积极下载游戏，在有趣的游戏中学习更多的知识，积攒更多的相关经验。这种游戏化的模式，提升了司机的自主学习能力。

Uber 招募的司机，很多是兼职的，专职很少，所以他们并没有将太多的时间花费在相关知识的学习上。在他们看来，能接一单就接一单，缺乏自觉自愿的学习能力。他们更愿意在休息的时候，玩个游戏放松下。

司机在玩游戏的过程中，会思考最佳的路线，并且会记住周边的建筑，在实际的工作中，便能提高自己对地点的识别率，以最短的路线将乘客送到目的地。所以，这款免费的移动游戏不仅能够增强司机学习的自觉性，还提高了学习的效果。

所以，为何不能将游戏与学习结合到一起？其实很多人在玩游戏的时候，发出过类似这样的感慨：如果玩游戏也能学习就好了。其实这一点并不难实现，而且很多学习类 App 已经在利用这种模式开展课程。Uber 的免费移动游戏，就是一个很好地将学习搬到游戏中的例子。

03 盛大：经验值和升职加薪挂钩

Uber 的游戏化学习模式让章小万感慨万千，同时她也开始思索如何效仿 Uber 这种游戏化学习模式，让员工的业务学习变成一次有趣的享受。接下来，章小万决定研究一下“游戏世家”盛大的游戏化管理模式。

盛大的游戏化管理，主要用于员工的考核，即将游戏中的经验值与升职加薪挂钩。该公司于 2007 年 8 月 1 日就在企业内部推行了“游戏化管理”模式。推行后，员工就成了游戏中的“角色”，需要通过不断的“打怪升级”获取经验值，到了相应的级别就会自动晋升或加薪。

盛大高级副总裁张燕梅在实行这种游戏化管理模式时，曾说：“盛大员工今后所有的调薪、晋升都由经验值说了算。只要你是优秀的人才，就一定能在这个制度下脱颖而出。”

盛大的员工介绍，游戏中的经验值分为两个部分：时间经验值和项目经验值。获取时间经验值的办法比较简单，就像网络游戏中打怪升级一样，只要不犯重大的过错，时间不断累积，经验值就会不断增加；“项目经验值”

相对来说比较难获得，它类似于游戏中的任务，你必须完成一项任务，才能获得相应的经验值。

这种模式与现代很多企业的升职加薪模式有很大的不同，也正是因为这种不同，吸引了很多在校大学生。很多应届毕业生在找工作之际，面对 HR 的时候，都会产生这样一个疑问：如果一家企业是论资排辈，并不看重员工的工作能力，那是不是进入企业后只要与领导和 HR 搞好关系就行，能力并不是最重要的？这种问题其实不仅困扰了很多求职者，也同样困扰着很多 HR。

那么，究竟是哪里出现了问题呢？很显然，招聘进来的员工既然没有问题，那么一定是晋升和加薪这个管理环节出现了问题，或者过去的管理模式已经无法适应新时代的发展和年轻一代求职者的需求。

因此，企业的升职加薪模式也应该跟上时代的脚步，采用游戏化的管理模式，消除员工的疑惑，为企业培养更优秀的员工。这一点，盛大集团

将游戏化思维运用到绩效管理中，
将经验值与员工的升级加薪挂钩。

可以说已经是行业中的佼佼者。一名求职者曾经接到盛大集团 HR 的电话，当时他也有上面那样的顾虑，但是在进入盛大半年后，他完全打消了这样的顾虑。因为了解盛大的“游戏化管理”模式之后，他懂得了升职加薪不是领导说了算，而是由自己的能力说了算。

很多管理者会认为，这样的模式太复杂，不利于操作。其实并非如此，盛大的这种游戏化的操作模式很好描述，员工在盛大的晋升和加薪就像在玩一场网络游戏。当你在完成一项任务的时候，你会获得“时间经验值”和“项目经验值”。时间越长，累积的“时间项目值”越多，任务越难，“项目经验值”越高。等你的经验值达到了一定的程度，达到了晋升线，系统会自动给你晋升。对企业的 HR 和管理者来说，他们需要做的并不是像之前那样通过一系列的数据判断是否让员工晋升，他们只需要通过这个游戏的后台确保整个游戏的公平、公开和透明。此外，在这个平台上可以直接接收员工的晋升信息，公开表扬和祝贺员工。这种模式减少了 HR 和管理者的很多工作，节省了大量的人力和物力成本，也让员工感觉到公司晋升制度的公平性。

为了能让大家更清楚地了解盛大的“游戏化管理”模式，我们就拿小鑫来举个简单的例子。

盛大为了招聘优秀的毕业生，在高校开展了一次招聘活动。小鑫在这次招聘中被选中进了盛大，HR 和部门经理根据小鑫的综合能力给一个岗位的初始经验值，每个岗位都有对应的级别和经验值，如等级 9 级对应的岗位值是 200 点，如果他想升到 8 级，他就需要获取该级别对应的经验值 400 点。小鑫每天只要完成该岗位的工作任务就会获得相应的经验值，如 4

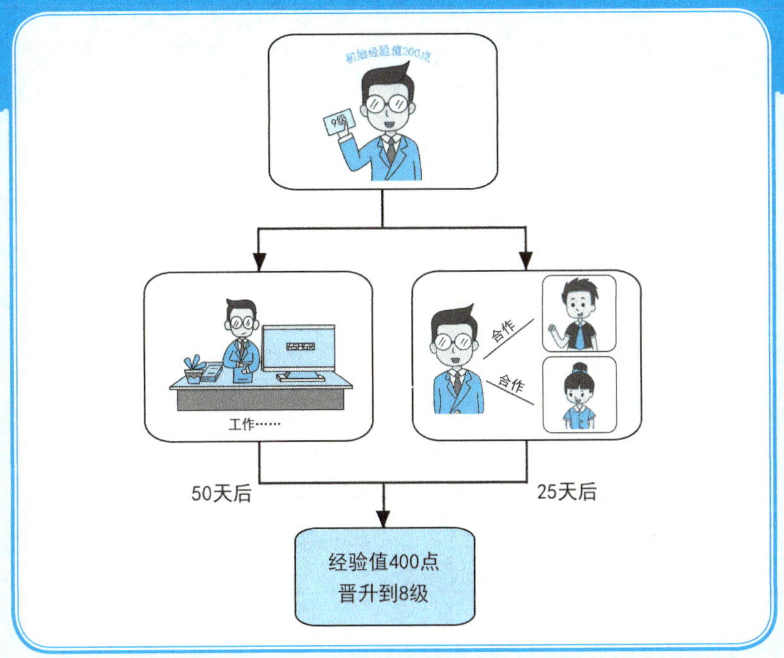

点，这样从9级晋升到8级需要400点，大概需要50天。但是，并不是说小鑫需要50天才能晋升，他还可以通过其他方式获取经验值。如帮助别的项目组完成任务，这样他或许只需要原来一半的时间就能获得400点，然后自动升级。

这种模式其实很简单，就是将游戏化的思维运用到绩效管理中，将经验值与员工的升级加薪挂钩。盛大经验值管理部门主管熊立博士说：“盛大的‘游戏化管理’模式已经成为人力资源管理的核心，也是人才培养和员工职业发展的核心。目前，盛大已经形成了一套全新的员工成长体系。”游戏化管理模式是一个不断发展和不断完善的过程，相信未来盛大的游戏化管理会做得越来越好。

网龙：以游戏化星级为核心的激励联动机制

盛大的经验值晋升模式，章小万在团队中实践过，且其中一些细节让她觉得颇有收获。之后，申总告诉章小万，网龙的游戏化激励联动机制很不错，值得学习。

网龙以游戏化星级为核心构建了激励联动机制，颠覆了企业管理的传统模式，并且取得了不错的成效。在网龙的“游戏化管理”中，主要采取了积分奖励和游戏化星级。积分奖励主要是物质激励，也被纳入了游戏化的评定要素。游戏化的星级评定主要是为了彰显身份和地位，这就像网络游戏里的勋章等级一样，能够激励玩家。

网龙从 2012 年开始实行游戏化管理模式，该公司以悬赏、内审、竞拍三大系统为基础，推出了游戏化星级，将员工的行为和成绩都记录下来，将星级数量呈现出来，并增加相应的配套福利，以此激励员工。

在网龙，员工每个月都要更换一次工牌，工牌会以不同的颜色、不同种类的勋章和不同的星级呈现，这些都是员工能力的体现。

网龙的游戏化星级分两种：一种是基础星级；另一种是浮动星级。每

星级的可视数值将绩效更真实地呈现出来

个岗位都有一个对应的基础星级，浮动星级根据以下的综合内容判定：

✓ 职级、工龄；

✓ 积分；

✓ 公司各项认证考试；

✓ 课件开发；

✓ 比赛评审官、主持人、团队奖、伯乐奖；

✓ 业务创新；

✓ 人才培养；

✓ 年度绩效、年度评优；

✓ 职称认证。

这些数据在每个月的 5 日会统一更新。也就是说员工只要努力，每个月的星级都有可能发生变化。因此，每个月基本上要更换工牌，这种方式更好地将公司的文化价值观融入员工的日常工作中。虽然企业文化本身是一个很抽象的概念，很难将它以具体的形式融进员工的工作中，但是通过

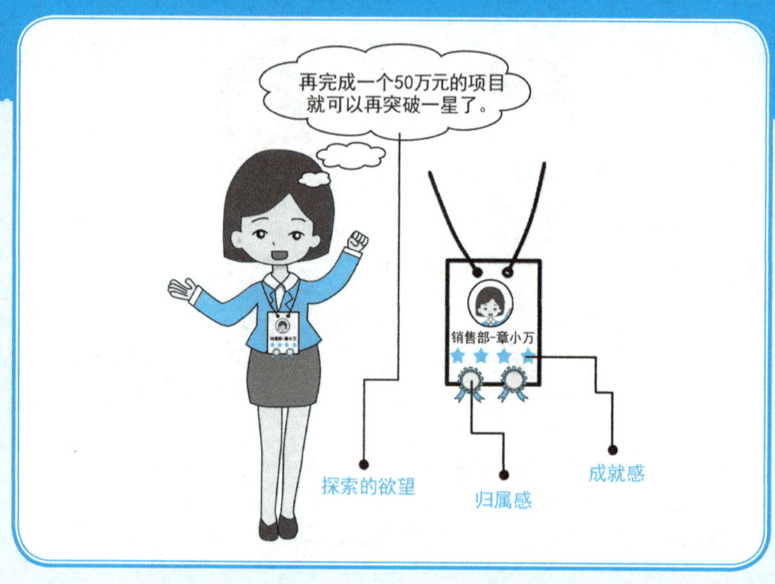

游戏化星级这种模式，员工很清楚地了解公司鼓励和提倡哪些行为，并且游戏化星级的可视数值还能将绩效更真实地呈现出来。

在网龙的游戏化星级中，星级和公司提供给员工的额外福利独立挂钩。此外，游戏化星级划分为很多模块，有一些福利是员工必须达到一定的星级才能享受的，对其他模块星级的员工是不开放的。很可能出现的情况是，两个员工的星级是一样的，但是因为结构不一样，所享受的福利也不一样。这就是一种差异化的管理，让员工的能力能够得到全面的拓展。

游戏化星级对网龙的管理者来说，并非一定要强调工牌的重要性，管理者更在乎的是牌子背后的价值。管理者通过这个牌子，就可以大概知道一个员工的基础情况，这省去了大量的人力资源管理的成本。所以网龙的管理者在不断探索游戏化，并致力于打造更完善的游戏管理体系。

在网龙的管理者看来，其实网络游戏的游戏感无非体现在 3 个方面。

第一，探索的欲望。简单来说就是学习。好玩的游戏总是让我们停不下来，让我们想探索每个未知的游戏环节。我们希望通过不断的学习突破自己，完成每项任务，直到取得游戏的胜利。

第二，成就感。这是游戏给玩家最深的感受。很多人在游戏取得胜利后，喜欢截图发朋友圈，其实这就是在分享一种成就感。这种通过实力证明自己的感觉，能够不断促进自己成长。

第三，归属感。游戏环节中的勋章等级，会让我们觉得自己就是游戏中的这个角色，游戏里的任务就像自己不可推卸的使命。因此，我们会竭尽全力地完成每项任务，这就是一种游戏归属感。

在网龙的游戏化星级中，每位员工都能感受到以上三点。每个星级变化一次、每个月更换一次工牌就是在告诉你，你通过自己的努力在不断成长和变化，而这些成长和变化公司都能看见，并且会在你的绩效中体现出来。正是因为满足了员工的这三种游戏感，这种模式才能够有效运行。

与积分模式相比，游戏化星级更多的是一种地位的体现，是综合实力和荣誉感的体现。因此，网龙将游戏积分也纳入了游戏化星级的评定要素。这样一来，就实现了物质激励与荣誉激励的联动，让员工更加明确公司鼓励和倡导的行为，让公司的文化更好地落实。

“罗辑思维”：节操币游戏系统

网龙的游戏化激励联动机制让章小万感慨良多，没想到游戏化管理模式居然有如此大的潜力，自己绝对不能停下学习的脚步。随后，她又发现“罗辑思维”的“节操币游戏系统”做得很不错。

“罗辑思维”是由罗振宇主讲的一个脱口秀节目，节目一经播出就深受很多90后的喜欢。随着节目的不断发展，罗振宇组建了一支专业的团队。可以说，“罗辑思维”能取得今天这么好的成就，不仅是因为它懂得现在年轻的观众需要什么，还因为它懂得员工想要什么。

在传统的管理模式中，员工的成长方式无非晋升或者加薪，但是很显然，从实际的管理中，我们很难看出这两者对新生代员工能起到多大的作用。很多90后、95后并没有把升职加薪看得十分重要，这并不是因为他们不想升职和加薪，而是感觉很难实现。为此，“罗辑思维”的管理者改变了以往传统的奖励模式，制定了一种虚拟的货币叫“节操币”。“节操币”对“罗辑思维”的团队来说，不仅是一种奖励，还是一种管理机制。

首先，“节操币”这个虚拟货币的名字很有趣，是新生代员工喜欢用的网络词汇，这一点已经能够很好地吸引新生代员工了。其次，公司每个月都会发 10 张“节操币”，每张“节操币”相当于人民币 25 元，也就是说一个月 250 元人民币，这个数字也是人们在生活中互相打趣、调侃的一种方式，这成了该制度的一个有趣点。

这些虚拟货币不会直接与绩效和工资挂钩，可以用于附近的餐厅和咖啡馆的消费，此外员工还可以获得打折和 VIP 待遇。员工的所有消费，公司在每个月月底都会与这些商家结算。但是“罗辑思维”的“节操币”并不是通过员工的努力获得的，而是员工相互赠送，而且必须公开赠送。公司每个月都会公示每个人的“节操币”，并且会对每名员工进行具体说明，如为什么要赠送给对方（例如他工作努力，他待人诚恳、友善，他在工作上协助我等），然后公司每个月都会评出当月的“节操王”。获得“节操王”称号的员工，公司会在年底多发 3 个月月薪作为奖励。这种公开的数字和“节操币”的交易模式，能够直观地看出每个员工与他人的协作能力。

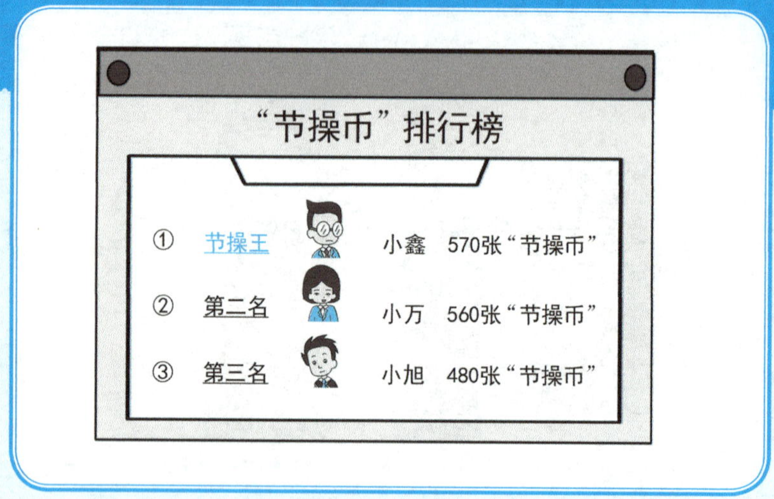

但是，很多管理者会想，这种相互赠送的模式，会不会出现不好的人际关系导向。其实不会，因为交易的整个环节都会公示，而且每个员工内心都极度渴望公平和民主，反倒是很多管理者忽视了这一点。这种相互赠送"节操币"的环节，给予了他们主动的权力，让纵向的奖励变成了横向的奖励，变成了员工与员工的活动，这个时候，对管理者而言，管理就变成了一件简单的事情。

在这种制度下，"节操币"较少的员工自然会有压力。大部分员工会通过提高自己的能力来缓解压力，还有少部分员工认为自己的能力无法匹配，会自动离开企业。这种制度实行一段时间后，可以形成一种快乐的企业文化。在这种文化氛围下，不求上进、不能互相协作的员工将被淘汰，而企业也以最低的管理成本和最快的速度实现了人力资源的优化。

不跟团：飙单团和散打王

对游戏化管理实践案例研究得越多、越深入，章小万就越觉得游戏化管理在新生代员工管理中大有可为。偶然间，她听到小鑫说“不跟团”旅游网的内部管理很有意思，针对销售人员设置了两种奖励：一种是飙单团；另一种是散打王。

“不跟团”，全称是“不跟团旅游定制网”，是国内一家个性化定制旅游服务商。“不跟团”的 CEO 大龙宽表示，创建“不跟团旅游定制网”，主要是发现了一些传统旅游服务模式的弊端，还有就是新一代的年轻人更青睐个性化定制的服务产品。“不跟团”产品上线后，得到了市场的良好反应。当然，它的成功不仅归功于个性化定制，也归功于该公司的游戏化管理。“不跟团”针对销售人员设置了两种奖励：一种是飙单团；另一种是散打王。

飙单团

飙单团的意思：只要员工在这个月完成了一个独立成团的业绩，公司就会给该员工一次投飞镖的机会。飞镖游戏以 10 元为基数，规定男生在 2.5

米处投飞镖，女生在2米处投飞镖。在飞镖大盘上，有对应的分值，最低的分数是1分，最高的分数是20分的3倍区，也就是60分，正中间的靶心是50分。

所以，投飞镖的人所得的现金奖励是分值乘以 10 元，如果只得 1 分就是 10 元的奖励，如果是 50 分就是 500 元的奖励，最高是 600 元的奖励。10 元到 600 元有很大的差异，而这个差异就是不确定性，会让员工对此产生很大的乐趣。

散打王

在旅游行业中，定制旅游产品的游客可以分为两大类，一类是上面的单团，还有一类就是散客。散客，顾名思义，就是当月员工收的散客。在“不跟团”中，当月收的散客量排名前三位的旅游销售顾问，每个人都可以获得一次掷筛子的机会。一个散客为 1 元人民币。举个简单的例子，如章小万在当月完成了 200 个散客，那么她就有 200 元，而这个钱就是基数。然后章小万掷一次筛子，如果她运气不好，刚好是 1，那么她能获得的就是 200 元的奖励；如果她运气好的话，掷了 6，那么她能拿 1200 元的奖励。

200元比1200元差了1000元，这之间充满了更大的不确定性。

“不跟团”运用的投飞镖和掷筛子这两个不确定性的工具，在极大程度上提高了奖励的趣味性，让奖励变得更加刺激。这种游戏化的奖励模式，比直接给奖金更能激励员工。因为不确定性，要想获得更多的奖金，就需要更多的机会。机会越大，飞镖射中 60 和掷筛子掷到 6 的概率才会越大。因此，为了争取更多的机会，员工甚至不需要管理者的监督，就会自发地完成这件事情。这就好比在玩游戏的时候，我们每点开一个宝箱就能获得不一样的技能，但是玩家需要不断升级或者累计积分才能获得更多打开宝箱的机会，那么玩家自然而然地会不断打怪升级，获得更多打开宝箱的机会。

游戏中的不确定因素，激发了人们对未知事物的渴望。每个人的内心都有一定的欲望，因此管理者需要做的是，用一些不确定性的工具，让奖惩制度变得更有趣，从而激发员工内心的欲望，让他们自发地提升自己，从而为团队创造更高的绩效。